LEANNA GREENAWAY

EINFACH
Tarot

tosa

Ich möchte dieses Buch meiner Familie widmen, die so viel Verständnis und Geduld gezeigt hat, während ich schrieb, und vor allem Belita und John Greenaway für ihre Hilfe bei der Zusammenstellung dieser Seiten.

Illustrations from the Rider-Waite Tarot Deck® reproduced by permission of
U.S. Games System, Inc., Stamford, CT 06902 USA.
Copyright © 1971 U.S. Games Systems, Inc.
Further reproduction prohibited.
The Rider-Waite Tarot Deck® is a registered trademark of U.S. Games Systems, Inc.

Alle Rechte vorbehalten
Copyright © 2005 Leanna Greenaway,
illustrations copyright © 2005 Hannah Firmin,
tarot spread illustrations by Robert Steimle.
Originally published in 2005 under the title SIMPLY TAROT by
Sterling Publishing Co., Inc., 387 Park Avenue South, New York, NY 10016
Copyright © der deutschsprachigen Erstausgabe 2008 bei
tosa im Verlag Carl Ueberreuter Ges. m. b. H., 1090 Wien, Alser Straße 24
Übersetzung aus dem Amerikanischen: Die Textwerkstatt, Langenlois
Covergestaltung: Joseph Koó
Coverbilder: Mauritius, aus dem Buch
Druck: Tlačiarne BB s.r.o., Slovakia

www.tosa-verlag.com

Inhalt

1. Die ersten Schritte *5*
2. Die großen Arkana *23*
3. Die Kelche *61*
4. Die Stäbe *85*
5. Die Schwerter *105*
6. Die Münzen *127*
7. Legesysteme *147*
8. Tipps und Techniken *151*

   Register *158*

1

DIE ERSTEN SCHRITTE

Die ersten Schritte

Seit Jahrhunderten ist das Wahrsagen mit Tarotkarten beliebt. Wenn Sie den Anleitungen in diesem Buch folgen, werden auch Sie verstehen, wie leicht es ist, die Kunst des Kartenlesens zu beherrschen. Viele Menschen klagen über die zahllosen widersprüchlichen oder zu schwer nachvollziehbaren Tarotbücher, und angesichts Tausender unterschiedlicher Interpretationen ist leicht zu verstehen, weshalb manche daran scheitern. Dieses Buch bringt das Tarot ins 21. Jahrhundert, indem es die Bedeutung der Karten leicht verständlich und nachvollziehbar macht. Vergessen Sie zunächst einfach alles, was Sie über Tarot aufgeschnappt haben und konzentrieren Sie sich auf die Bedeutungen in diesem Buch.

Obgleich das Tarot sehr traditionsreich ist, biete ich moderne und zeitgemäße Übersetzungen für alle 78 Karten an. Später können Sie die Deutungen anderer einbauen, wo das sinnvoll scheint. Im ganzen Buch gruppieren wir die Karten miteinander und arbeiten dabei meist mit dem Keltischen Kreuz als Legesystem. Blättern Sie möglichst nicht im Buch hin und her, sondern betrachten Sie es eher als Lehrbuch, dessen einzelne Kapitel Sie Schritt für Schritt durch den Lernprozess begleiten.

Natürlich benötigen Sie ein Deck Tarotkarten, am besten solche, die Sie sich selbst ausgesucht haben. Wählen Sie ein relativ traditionelles Deck, das auf allen Karten Bilder trägt und nicht nur eine Reihe von Kelchen, Stäben, Schwertern und Scheiben. Ein Tarotdeck besteht aus 78 Karten: 22 großen Arkana und 56 kleinen Arkana.

AUFBEWAHRUNG IHRER TAROTKARTEN

Die Aufbewahrung der Karten ist wichtig. Kaufen Sie sich eine kleine Holzschachtel und ein Seidentuch. Nach jeder Verwendung wickeln Sie sie in die Seide und verstauen sie gut in ihrer Schachtel. Manche Kartenleger machen sich mit ihren Karten vertraut und holen sie oft hervor, um sie zu mischen. Andere legen sie auf das höchste Regal im Haus; das soll für einen stärkeren Einfluss der Karten sorgen. Sie können einen Schritt weitergehen und sie nachts unter Ihr Kopfkissen stecken. Behandeln Sie Ihre Karten sorgfältig, denn auch nach vielen Jahren werden Sie am liebsten mit Ihrem alten, treuen Deck arbeiten wollen.

BIN ICH EIN MEDIUM?

Gehen wir zurück an den Beginn der Zeit – als Menschen vor allem eines wollten: überleben. Sie verließen sich auf ihren Instinkt, denn ohne ihn waren sie hilflos. Viele hatten so ein gutes Gespür, dass sie Wetterveränderungen oder Erdbeben vorhersagen konnten. Die Druiden und Priester beobachteten das Land, studierten Mondphasen und machten sich mit den Jahreszeiten vertraut. Das half ihnen, die beste Zeit zum Pflanzen und Ernten zu erkennen.

Heute scheint uns die geschäftige High-Tech-Seite des Lebens mitzureißen. Technik und Materialismus füllen uns so aus, dass wir den Kontakt mit unserem inneren Selbst und der Welt um uns verloren haben. Um unsere außersinnliche

Die ersten Schritte

Wahrnehmung zu stärken, müssen wir zurück an den Anfang und unsere Freizeit mit Meditation und der Lektüre spirituell ausgerichteter Literatur füllen.

Wenn wir unsere Lebensweise mit der unserer Urahnen vergleichen, sind wir fraglos aus den Gleisen geworfen. Endlich bemerken wir, wie stark der Einfluss der uns innewohnenden Fähigkeiten ist. Jeder von uns besitzt ein gewisses Maß an medialen Fähigkeiten, und mit Konzentration und Übung können wir den Funken in jedem von uns zum Leuchten bringen.

Tarot ist der Schlüssel zur Seele. Wie bei jeder Fähigkeit gilt: Je mehr Sie üben, desto besser werden Sie. Würde ich heute eine Lehre als Maurer beginnen, wäre ich mit der Zeit Meister darin, Wände zu verputzen. Beim Tarot ist es ebenso: Sobald Sie anfangen zu verstehen, wie es funktioniert, werden die Karten Ihre hellseherischen Qualitäten verstärken und Ihren Geist für eine höhere Ebene öffnen.

Falls Sie Ihre übersinnlichen Fähigkeiten unterdrückt haben, kann das Tarot Ihnen helfen, sie zu wecken. Auch der beste Hellseher ist nicht jeden Tag in Topform. Unser Gespür kann aus irgendeinem Grund blockiert sein – schlechter Schlaf, Stress, zu viel Konzentration. Auch wenn Sie nicht hellseherisch begabt sind, sagt das Tarot immer eine Situation voraus. Sie müssen lernen, die Karten so zu deuten, dass ihre Botschaft klar wird. Die Genauigkeit des Tarot ist spektakulär und viele Skeptiker nehmen ihre Worte zurück, sobald ihnen jemand die Karten gelesen hat. Daher betrachten immer mehr Menschen das Tarot als Teil ihres täglichen Lebens und lassen sich regelmäßig die Karten legen.

GESCHLECHTSBEZEICHNUNGEN

Ich verwende hier die weibliche Form vieler Substantive. Nicht weil ich eine BH-verbrennende Feministin bin, sondern weil mehr Frauen als Männer Tarot lernen und sich die Karten legen lassen – und es ist eine nette Abwechslung.

WIE WIRKT DAS TAROT?

Die meisten Kartenleger glauben an geistige Führer oder Schutzengel, also Seelenbegleiter, die unser Leben lang auf uns achtgeben. Es gibt zwei Arten davon. Zum einen glauben manche, dass liebe Menschen, die gegangen sind, weiterhin für uns sorgen und uns in Zeiten von Stress trösten. Zum anderen gibt es die Führer aus der Hierarchie. Diese Geister haben viele Reinkarnationen hinter sich, um ihre Seele zu vollenden, was sie dazu befähigt, uns durch unser Leben zu führen. Sie sind als die „göttlichen Wesen" oder „Geisthelfer" bekannt, die unser Unbewusstes besuchen und uns im Traumschlaf Botschaften bringen.

Sie erscheinen in männlicher oder weiblicher Form und sind erfahren darin, uns durch bestimmte Situationen zu lenken. Da wir im Leben viele unterschiedliche Situationen erleben, können wir mehr als einen Führer haben. Manche Menschen hatten das Glück, ihre Schutzengel zu sehen oder direkt mit ihnen zu sprechen. Ein Medium tut das häufiger, denn sie kann den Kommunikationskanal leicht aufbauen. Ein Medium öffnet ihren Geist für Botschaften von der anderen Seite, und das Tarot macht das gleiche bei denen, die es zu lesen lernen. Die Leserin muss interpretieren, was die Karten sagen, und dann die Botschaft der Klientin mitteilen. Immer wieder spüren manche Leserinnen das Bedürfnis, etwas zu sagen, das aus den Karten nicht sichtbar hervorgeht. Manche sprechen dann von einer Vision, doch meist ist es ein starkes Gefühl, das die Kartenleserin in Bezug auf die Person hat, für die sie liest.

Wenn wir uns außersinnlichen Wahrnehmungen öffnen, ist die Information, die wir weitergeben, nicht unser eigenes Verdienst. Ohne unsere Führer, die uns helfen, könnten wir überhaupt nichts mitteilen. Indem wir unser Gespür öffnen, werden wir wie eine Telefonverbindung. Das ist ähnlich wie die Feinabstimmung bei einem Radiosender: Wenn Sie medial begabt sind, kann es eine Weile dauern, bis die Stimme so klar ist, dass Sie sie hören. Wenn Sie wie ich sind, hören Sie die Stimme Ihrer Führers nie, wenn sie zu Ihnen sprechen. Das liegt daran, dass sie mit vielen von uns nur durch unser Unbewusstes kommunizieren und uns Vertrauen in unsere Vorhersagen geben. Manchmal brauchen Sie nur das Erste zu sagen, was Ihnen in den Sinn kommt, und siehe da, Sie erstaunen Ihre Klientin mit Ihrer Treffergenauigkeit. Geistige Führer arbeiten wunderbar mit dem Tarot, sie warnen, sagen zukünftige Ereignisse vorher und beraten uns durch die Karten. Wenn eine Klientin die Karten mischt, ist sie sich nicht dessen bewusst, dass sie ihre Schwingung auf die Karten überträgt. Klienten sollen die Karten gut zwei oder drei Minuten lang mischen und sich dabei auf ihr Problem konzentrieren. Dabei fließen ungeahnte Energien in die Karten und machen sie leicht lesbar.

TIPPS FÜR ALLE, DIE ANDEREN DIE KARTEN LEGEN

1. Im ganzen Buch bezeichne ich die Person, für die Sie lesen, als Fragende oder Klientin.

2. Lesen Sie für die gleiche Person nur einmal in drei Monaten. Zu häufige Lesungen verwirren die Klientin.

3. Lassen Sie nie einen anderen mit Ihren Karten arbeiten. Nur Sie selbst sollten Ihr Deck benutzen.

4. Lesen Sie nie für einen anderen, wenn Sie krank oder nervös sind. Das würde das Ergebnis verzerren.

5. Auch wenn die Karten Ihrer Klientin trostlos aussehen oder sie niedergeschlagen ist, betonen Sie das Positive, denn jemand in gesundem seelischem Gleichgewicht wird leichter mit schwierigen Aufgaben fertig.

6. Vertuschen Sie nichts. Sagen Sie stets, was Sie sehen. Kommt in einem Legesystem etwas Negatives hoch, lassen Sie etwas Positives folgen und geben Sie hilfreiche Hinweise, wie diese Themen angegangen werden könnten.

7. Stellen Sie etwas Salz in die Nähe, während Sie lesen, oder zünden Sie eine Kerze an. Wenn Sie für Fremde Karten legen wollen, wird Sie eine bunte Mischung von Leuten besuchen. Das Salz und die Kerzen helfen Ihnen, sich zu schützen, und halten Ihre Aura sauber.

8. Wenn Sie eine Frau sind, lesen Sie niemals für einen Mann, wenn Sie allein zu Hause sind. Alle fremden Männer stellen für eine Frau eine Bedrohung dar und es ist unumgänglich, dass Sie sich schützen. Jede Hellseherin, mit der ich sprach, hat eine Geschichte über einen männlichen Klienten zu erzählen. Unter normalen Umständen würden Sie ja auch keinen Fremden in Ihr Haus einladen, wenn Sie allein sind. Bei allem Vertrauen: Gehen Sie nicht davon aus, dass ein Mann, nur weil Sie für ihn zehnmal die Karten gelegt haben, nicht plötzlich über herfällt oder aggressiv wird. (Alle netten Männer der Welt bitte ich um Verzeihung, aber wir Frauen müssen vorsichtig sein.)

9. Die meisten Menschen, die Sie aufsuchen, haben Sorgen, und für manche ist die Kartenlegerin die letzte Hoffnung. Viele finden in einer Lesung Trost, vielen dient sie als Krücke, die ihnen hilft, eine schwere Zeit zu durchstehen. Halten Sie stets eine Liste hilfreicher Telefonnummern bereit. Beim besten Willen können Sie nicht jeder helfen, und Spezialisten sind in vielen Fällen einfach die bessere Wahl.

10. Legen Sie sich einen Anrufbeantworter zu. Ihre Klientinnen werden Sie zu jeder Tages- und Nachtzeit anrufen, um ihre Lesung mit Ihnen zu besprechen oder Ihnen mitzuteilen, wenn etwas eingetroffen ist, das Sie vorhergesagt haben, und Sie haben keine ruhige Minute mehr, wenn Sie diese Anrufe nicht von einem Anrufbeantworter entgegennehmen lassen.

AUF DEM KOPF STEHENDE KARTEN

Die meisten Tarotlegerinnen verwenden die Karten in aufrechter Position, doch manchmal landet eine Karte zufällig so, dass die Figur auf dem Kopf steht. Wenn das passiert, hat das meist seinen guten Grund. Auf die Bedeutungen von Karten, die auf dem Kopf stehen, gehe ich in diesem Buch nicht detailliert ein, doch bei allen Karten finden Sie eine „umgekehrte" Bedeutung.

In manchen Fällen lohnt es sich, die aufrechte und die umgekehrte Bedeutung einer Karte nachzuschlagen, da so beide Seiten einer Person oder Situation beleuchtet werden – und oft ist es genau das, worum es geht.

URSPRUNG UND GESCHICHTE DES TAROT

Niemand weiß, woher das Tarot kommt, und es gibt viele Rätsel um seinen Ursprung. Im 18. Jahrhundert faszinierte die Ägyptologie viele Leute und so glaubten sie, dass das Tarot aus Ägypten stammt. Wir wissen aus alten Berichten, dass Tarot in der Renaissance verwendet wurde. Ein bestimmtes Deck, das um 1400 entstand, wurde im oberitalienischen Mailand entdeckt. Das Deck wurde für die Adelsfamilie Visconti gemalt und später als „Tarocchi Visconti" nachgedruckt. Doch die meisten alten Decks waren französische Entwürfe, und so glabute man, dass das Tarot aus Frankreich nach Italien gelangt war. Wenn Sie mehr über die Geschichte des Tarot erfahren wollen, lesen Sie *Tarot Mysteries* von dem Historiker und Kartenleger Jonathan Dee.

Im Laufe der Zeit hat sich das Tarot erheblich verändert. Viele der alten Decks waren sehr einfach. Heute sind sie reicher an Details und zeigen Bilder, die die Kartenlegerin viel stärker inspirieren. Einige Karten wurden verändert, damit sie keine Assoziationen mit der katholischen Kirche auslösten: Aus dem „Papst" wurde der „Hierophant" oder „Hohepriester", aus der „Päpstin" wurde die „Hohepriesterin". Auch die Reihenfolge der Karten wurde im Laufe der Zeit verändert. Der Narr, der traditionell die erste Karte mit der Nummer „0" darstellt, saß ursprünglich am Schluss der großen Arkana und trug die Nummer 22. Ähnlich ist es mit vielen Abwandlungen des Tarot. Es gibt tausende verschiedene Decks und daher auch abweichende Deutungen.

Tarot ist heute beliebter denn je und wird immer vielfältiger eingesetzt, sodass es heute für Menschen aller Art interessant ist. Zunächst diente es als Kartenspiel, doch seit Jahrhunderten wohnt ihm eine mystische und übernatürliche Komponente inne. Einst glaubte man, nur einige Privilegierte besäßen die Gabe, Tarotkarten zu lesen, doch das trifft nicht zu. Wir alle können uns auf unsere Psyche feinabstimmen und in die Zukunft sehen. Manche Menschen werden mit hellseherischer Begabung geboren, andere können lernen, sie zu entwickeln. Jede von uns wird mit einem sechsten Sinn geboren und wir alle besitzen die Macht, das Ventil für unser Unbewusstes zu werden.

GRUNDLEGENDE TATSACHEN

Ein Tarotdeck umfasst 78 Karten.

22 davon sind die großen Arkana oder Trümpfe, 56 sind die kleinen Arkana oder Farben.

Im Tarot stehen alle Zweien für Entscheidungen.

Alle Fünfen bedeuten generell schlechte Nachrichten.

Alle Achten bedeuten Glück.

Die Pagen verkörpern Kinder bis zum Alter von 15 Jahren, ganz gleich ob Jungen oder Mädchen.

Ritter verkörpern junge Männer zwischen 15 und 29.

Alle Königinnen stehen für Frauen über 15.

Alle Könige stehen für Männer ab 29.

„Umgekehrt" bezeichnet eine Karte, die auf dem Kopf steht, das heißt, deren unterer Bildrand nach oben zeigt.

DIE HOFKARTEN

Die Hofkarten sind die Könige, Königinnen, Ritter und Pagen und sind die am schwersten zu verstehenden Karten des Tarot. Jede hat ihre eigene Persönlichkeit, Haar- und Augenfarbe, und jede hat ihre Tücken. Manche finden die Hofkarten in einem Legesystem sehr schwer zu deuten, denn sie stehen nicht immer für Menschen, sondern können auch Situationen verkörpern.

ALTERSANGABEN

- Könige sind Männer von 29 Jahren und darüber.

- Königinnen stehen für Frauen und Mädchen ab 15, also nach der Pubertät.

- Ritter sind junge Männer zwischen 17 und 29 Jahren.

- Pagen sind männliche oder weibliche Kinder von der Geburt bis zum Alter von 15 Jahren.

FARBEN

Diese Vorstellungen sind uralt; Sie können sie verwenden, oder nach dem Charakter der Hofkarten gehen und nicht nach bestimmten Haar-, Haut- und Augenfarben.

- KELCHE blaue bis braune Augen, aschblond bis brünett

- STÄBE blaugrüne Augen, helle Haut, blond bis rothaarig

- SCHWERTER Augen, Haare und Haut dunkel bis schwarz

- MÜNZEN Augen jeder Farbe, braunes oder schwarzes Haar.

Der Signifikator

Wenn ich für eine Klientin zwei Systeme lege und es um ihren Mann geht, kann er im ersten als ein König und im zweiten als ein anderer König erscheinen. Die erste Hofkarte könnte die Person symbolisieren, die zweite zeigt das Ergebnis der Situation, vielleicht die Richtung, in die sich der Mann oder die Partnerschaft entwickelt.

DER SIGNIFIKATOR

Bevor Sie eine Lesung starten, können Sie eine Hofkarte auswählen, die Ihrer Klientin ähnelt. Diese Karte wird der Signifikator. Sie können ohne Signifikator lesen, doch dann müssen Sie herausfinden, ob eine Karte, die im Legesystem auftaucht, mit Ihrer Klientin zu tun hat oder nicht. Angenommen, sie ist eine dreiunddreißigjährige Frau mit blauen Augen und die Königin der Schwerter erscheint. Das legt die Deutung nahe, dass dies nicht die Fragende ist, denn diese Königin ist traditionell dunkelhaarig und dunkeläugig.

In diesem Fall müssen Sie sich auf das Tarot einstimmen und die umgebenden Karten ansehen, um eine Geschichte zu erkennen. Gibt es keine sichtbare Beziehung zwischen der Hofkarte und der Fragenden, bezieht sich die Karte wahrscheinlich auf eine künftige Situation.

TIPP

Geht es um Hofkarten, so betrachten Sie die aufrechte und die umgekehrte Bedeutung, denn auch die netteste Person kann einmal einen schlechten Tag haben, ein Quälgeist dagegen kann ganz reizend sein, wenn er bei Laune ist.

ENTSPRECHUNGEN

Kelche

- in manchen Decks auch Kessel

- Herz

- Element Wasser

- vom Frühling beeinflusst

- Gefühle, Beziehungen, Freunde, Hochzeiten

Stäbe

- Kreuz

- Element Feuer

- vom Sommer beeinflusst

- Arbeit, Ziele, Beruf und Erfolg

Entsprechungen

Schwerter

- Pik

- Element Luft

- vom Herbst beeinflusst

- Gesundheit, medizinische Fragen, Gefühle und Beziehungsschwierigkeiten

Münzen

- in manchen Decks auch Pentakel oder Scheiben

- Karo

- Element Erde

- vom Winter beeinflusst

- Geld, Bargeld, Geschäft, Besitz und Schulgeld

TIERKREISZEICHEN UND ZEITANGABEN

Zwölf der großen Arkana sind mit einem Tierkreiszeichen verknüpft. Lernen Sie sie. Nur mit ihrer Hilfe können Sie Ihre Lesung mit einem Zeitplan verknüpfen. Die Vorhersagen, die Sie treffen, benötigen in der Regel rund sechs bis zwölf Monate bis zum Eintreffen, und die Arbeit mit den Tierkreiszeichen kann Ihnen helfen, die Zeit genauer anzugeben.

Der Kaiser

Widder = März/April

Der Hierophant (Hohepriester)

Taurus = April/Mai

Die Liebenden

Zwillinge = Mai/Juni

Der Wagen

Krebs = Juni/Juli

Stärke

Löwe = Juli/August

Tierkreiszeichen und Zeitangaben

Der Eremit

Jungfrau = August/September

Gerechtigkeit

Waage = September/Oktober

Der Tod

Skorpion = Oktober/November

Die Mäßigung

Schütze = November/Dezember

Der Teufel

Steinbock = Dezember/Januar

Der Stern

Wassermann = Januar/Februar

Der Mond

Fische = Februar/März

2

DIE GROSSEN ARKANA

Die großen Arkana sind die ersten 22 Karten in einem üblichen Tarotdeck. Viele Menschen halten sie für viel älter als die kleinen Arkana, doch dafür gibt es kaum Beweise – wenngleich manche Bilder in anderer Form kursiert haben mögen, ehe sie ins Tarot übernommen wurden.

Die Bilder auf den Karten sind sehr kraftvoll und viele verleihen einer Lesung spirituelle Einsichten. Ihre Bedeutung müssen Sie gründlich lernen, dann nur dann können Sie sich auf das Rätsel der Karten punktgenau einlassen und eine genaue Lesung vornehmen.

DER NARR
Karte 0 oder 22

Traditionelle Bedeutung der Karte

Die jugendliche Person auf dieser Karte gilt auch als Hofnarr. Er hält die weiße Rose der Unschuld, die für ewiges Leben steht. In der Rechten trägt er einen Rucksack an einer Stange. Darin befinden sich die Dinge des Lebens, die er von Gott erhalten hat, um damit zu tun, was er mag. Er wird von einem kleinen weißen Hund begleitet, der ihm auf seinem Lebensweg Gesellschaft leistet. Geschick und Schicksal beherrschen beide, den Mann und den Hund. Dieser junge Mann ist sich der Gefahren des Lebens generell nicht bewusst.

Der Narr

Moderne Bedeutung

Diese Karte ist recht positiv. Sie trägt die Zahl 0, die jenen Moment anzeigt, bevor etwas geschieht – wenn Sie so wollen, die Wartezeit vor dem Aufbruch in ein neues Abenteuer. Dies ist ein Anfang im Leben der Klientin. Ein neuer Weg liegt vor ihr, doch sie muss geduldig sein, da es wahrscheinlich Verzögerungen gibt. Sagen Sie ihr, sie müsse sich darauf vorbereiten, dass ihr Leben eine neue Richtung nimmt, aber nicht mit beiden Füßen hineinspringen. Ehe sie losstürmt, solle sie innehalten und auf ihren Instinkt hören. Eine Zeit lang wird sie sich unsicher fühlen und sich daher gedankenlos oder unsensibel vorkommen. Um zu erkennen, was das für ein neuer Weg ist, achten Sie auf die umliegenden Karten im Legesysten. Es kann ein neuer Job oder eine neue Beziehung sein, die sich anbahnt, oder die Gesundung nach einer Krankheit.

Umgekehrt liegende Karte

Die Klientin fühlt sich wie ein einer Spurrinne, aus der sie nicht herauskommt. Sie wird eine Phase durchmachen, in der sie für selbstsüchtig und unbeliebt gehalten wird.

Das Wichtigste

- Ein neuer Weg liegt vor der Fragenden.
- Zeit der Unsicherheit
- Schau, bevor du springst!
- Gedankenlosigkeit, Unsensibilität

Die großen Arkana

DER MAGIER
Karte Nummer 1

Traditionelle Bedeutung der Karte

Seit jeher galt der Magier auch als Gaukler oder Schausteller. Anfangs war sein Name „Magus", was Magier bedeutet. Die Karte zeigt ihn im roten Mantel vor einem Tisch stehend. Auf diesem liegen verschiedene Darstellungen der vier Farben des Tarot. Seine rechte Hand hält die Rolle des Wissens und zeigt zum Himmel. Seine linke, die Hand der Heilung, zeigt abwärts. Sein Gürtel ist die Schlange, die sich in den eigenen Schwanz beißt und das ewige Leben symbolisiert. Die liegende Acht über seinem Kopf, ebenfalls ein Unendlichkeitssymbol, wird als „Nimbus" bezeichnet, und dieser bringt spirituellen Schutz.

Moderne Bedeutung

Die Karte zeugt von göttlichem Schutz. Sagen Sie der Fragenden immer, dass sie von einem höheren Wesen geschützt wird. Für einen großen Schritt nach vorn im Leben soll sie sich auf ihren Instinkt verlassen und danach handeln. Alles ist möglich, wenn Gottes Liebe präsent ist. Diese Karte lädt sie auch dazu ein, ihre außersinnlichen Wahrnehmungen zu entwickeln, zum Beispiel durch Meditation. Die harte Schule des Lebens erfordert Wille und Entschlossenheit, doch wenn die Fragende Gott vertraut, wird das höhere Wesen ihr die Hand reichen. Bestärken Sie Ihre Klientin darin, auf dem rechten Weg zu sein, auch wenn sie daran zweifelt.

Umgekehrt liegende Karte

Es kann sein, dass die Fragende negative Gedanken aussendet; sie soll achtgeben, dass sie kein Unglück anzieht. Sie bringt sich nicht auf die rechte Weise ein und muss ihre Haltung ändern, um Erfolg zu haben. Betrug und Lügen sind in ihrem Leben präsent; sie soll Eintracht und Harmonie erzeugen, wo immer sie kann.

Das Wichtigste

- Die Fragende muss mit Willenskraft Harmonie erzeugen.
- Ein großer Schritt liegt vor ihr.
- Einsatz und Entwicklung medialer Fähigkeiten

DIE HOHEPRIESTERIN
Karte Nummer 2

Traditionelle Bedeutung der Karte

Diese Karte steht für einen weiblichen Führer. In manchen Decks heißt sie „Juno" oder „Die Päpstin". Es handelt sich um eine besonders spirituelle Karte. Die Torarolle, die die Hohepriesterin hält, enthält alle Geheimnisse des Lebens, denn diese kennt sie. Hinter dem Vorhang sieht man Wasser, und dieses steht für das Wissen der Seele. Sie ist die weibliche Version des Magiers.

Moderne Bedeutung

Sie ist die Führerin, manchmal wird sie als spirituelle Mutter- oder Großmutterfigur angesprochen. Hat die Fragende keine solche geistige Verwandte, dann wacht eine hochrangige Führerin über sie und schützt sie. Die Hohepriesterin taucht meist dann auf, wenn die Dinge ein wenig unsicher sind. Sie sorgt für Ausgleich, indem sie verspricht, dass das Schicksal der Fragenden in den Händen der geistigen Welt ruht. Die Karte selbst ist recht glücklich. Gute Dinge werden mit der Zeit eintreten, die Fragende soll sich in Geduld üben und nicht zu viel auf andere hören, denn diese können sich irren. Bestärken Sie die Fragende darin, sich bei allen Dingen auf ihre Gefühle zu verlassen.

Umgekehrt liegende Karte

Liegt diese Karte neben Gesundheitskarten, kann ein Familienmitglied krank werden. Die Fragende soll anderen nicht blindlings trauen. Es fehlt ihr an Ausdauer, was indirekt eine Beziehung betreffen könnte. Sie benötigt Unterstützung.

Das Wichtigste

- die geistige Mutter oder Großmutter
- göttlicher geistiger Schutz
- Bald geraten die Dinge in Bewegung.
- Sei geduldig!

DIE HERRSCHERIN
Karte Nummer 3

Traditionelle Bedeutung der Karte

Die Fruchtbarkeitskarte. Sie zeigt Wachstum in allen Dingen, im Geschäft, in der Liebe, eine Hochzeit, Kinder und vieles mehr. Die Herrscherin sitzt auf einen Thron, umgeben von den Früchten der Ernte, und verkörpert Fruchtbarkeit. In manchen Decks steht neben ihr ein Vogel im Käfig. Manche betrachten sie als Darstellung von Mutter Erde. Thron, Schild und Szepter zeigen ihre mütterliche Macht. Ihr Haar trägt in manchen Decks Schmuck in Form der Sternbilder des Tierkreises.

Moderne Bedeutung

Diese Karte steht meist für die Muttergestalt in der Familie.

Lesen Sie für eine Frau in gebärfähigem Alter, könnte sie eine künftige Schwangerschaft vorhersagen. Ist Ihre Klientin aus diesem Alter hinaus, kann sie auch nur die Nachricht von einer Schwangerschaft in der Familie verkünden. Bei einer jungen Frau kann sie vor einer Schwangerschaft warnen, die sie will oder auch nicht. Erscheint die Herrscherin in den Karten eines Mannes, so sieht eine Partnerin, Tochter oder ein anderes Familienmitglied Mutterfreuden entgegen.

Achten Sie auf die benachbarten Karten, um herauszufinden, wer schwanger werden könnte. Doch die Karte kann auch gar nichts mit Schwangerschaft zu tun haben und einfach bedeuten, dass die Fragende eine starke Mutterfigur ist, die ihre Verantwortung gegenüber ihrer Familie sehr ernst nimmt.

Tauchen im gleichen Legesystem drei oder mehr Schwerter auf, so kann die Fragende oder jemand in ihrer Umgebung Schwierigkeiten damit haben, ein Kind zu empfangen.

Umgekehrt liegende Karte

Die Fragende oder jemand in ihrer Umgebung hat Schwierigkeiten damit, ein Kind zu empfangen. Auf dem Kopf stehend kann die Karte Selbstgefälligkeit anzeigen und die Neigung, Dinge als selbstverständlich anzusehen.

Das Wichtigste

- In der Familie kommt es zu einer Schwangerschaft.
- Mutterfigur
- Erfüllung und Fruchtbarkeit in einem Lebensbereich

DER HERRSCHER
Karte Nummer 4

Tierkreiszeichen

Widder

Traditionelle Bedeutung der Karte

Der Herrscher ist die Vaterfigur, und im Tarot trägt er die Verantwortung. Manchmal streng und sehr materialistisch, ist er eine Autoritätsperson und fordert von seiner Umgebung Respekt ein. Der Herrscher lässt sich nicht leicht beeinflussen und verlässt sich stets auf sein eigenes Urteil. Frei von modernen Kommunikationsstrukturen sagt er offen seine Meinung. Seine nüchterne und wertende Art macht ihn nicht immer beliebt. In seinen Augen ist es jedoch seine Pflicht, alles, was ihm gehört, zu beschützen und zu verteidigen.

Moderne Bedeutung

Dieser Mann besitzt Widder-Qualitäten. Alternativ dazu kann die Karte bedeuten, dass Ereignisse, die in dem Legesystem angekündigt werden, Ende März oder im April eintreffen. Diese Karte steht auch für Geschäfte. Wenn Sie zugleich mehrere Stäbe im System finden, geht es wahrscheinlich bei dieser Lesung um Arbeit. Ein Prozess kann für die Fragende bevorstehen, vor allem, wenn auch die Karte „Gerechtigkeit" im Blatt auftaucht.

Umgekehrt liegende Karte

Die Fragende spürt die Last der Verantwortung für die Familie. Sie fängt Dinge an, die sie nicht abschließen kann. Vielleicht spielt ein Dieb in ihrem Leben eine Rolle.

Das Wichtigste

- Widder für die zeitliche Einordnung von Ereignissen
- Chef, Vaterfigur, Autoritätsperson
- Geschäfte oder ein Prozess

DER HIEROPHANT
Karte Nummer 5

Tierkreiszeichen

Stier

Traditionelle Bedeutung der Karte

Der Hierophant gilt als die rechte Hand Gottes. Manchmal heißt die Karte auch „Der Hohepriester" oder „Der Papst", was dieser Karte eine besonders starke spirituelle Note verleiht. Der Stab, den er in der linken Hand hält, erinnert an die irdische Macht. Seine rechte Hand ist zum Segen erhoben. Er thront über den Schlüsseln zum Vatikan, die das Wissen Gottes eröffnen werden.

Der Hierophant

Moderne Bedeutung

Diese Karte ist die am stärksten spirituelle des ganzen Tarot. Dieser hochrangige männliche Führer sieht während der ganzen Lebensreise auf die Fragende herab. Er schützt Heirat und Familienangelegenheiten und greift ein, um Belastungen zu lindern. Verzögerungen sind im Leben der Fragenden besonders häufig, also empfehlen Sie ihr, geduldig zu sein und sagen Sie ihr, dass ihr Führer zu ihrem Wohle tätig wird. Sagen Sie ihr auch, sich eher auf geistige Dinge als auf materielle zu konzentrieren, da dies ihrem Geist dabei hilft, sich rascher zu entwickeln. Die Schlüssel auf der Karte deuten einen Umzug an, und diese Vorhersage trifft sehr oft ein.

Arbeiten Sie mit dem Stier, um Ereignisse zeitlich einzugrenzen.

Umgekehrt liegende Karte

Die Fragende soll sich nicht davor fürchten, etwas Neues zu beginnen. Sie sollte jeden neuen Weg offen und vorurteilsfrei erforschen.

Das Wichtigste

- ein hochrangiger männlicher Führer in der spirituellen Welt
- Schwerpunkt eher auf spiritueller als auf materieller Ebene
- ein Umzug
- Stier für die zeitliche Einordnung von Ereignissen

DIE LIEBENDEN
Karte Nummer 6

Tierkreiszeichen

Zwillinge

Traditionelle Bedeutung der Karte

Diese Karte entspricht dem alten Romeo-und-Julia-Thema und die Lilien auf der Karte stehen als Phallussymbol.

Moderne Bedeutung

Die Bedeutung der Karte der Liebenden ist unterschiedlich und hängt im Einzelnen ganz von den Umständen ab. In manchen Fällen sagt der Titel alles. Die Liebenden stehen für Liebesgeschichten, Beziehungen und erotische Anziehung.

Taucht die Karte im gleichen Legesystem auf wie eine der Heiratskarten, wird das Paar eine liebevolle, anregende Beziehung erleben. Wenn Sie feststellen, dass die Fragende verheiratet ist oder in einer Partnerschaft lebt, und die Liebenden treffen auf eine der folgenden Karten: Der Teufel,, die Zwei der Schwerter, die Drei der Schwerter, die Fünf der Münzen, dann steigt die Gelegenheit für eine Affäre. Ob etwas daraus wird oder nicht liegt dann bei der Fragenden selbst.

Wenn Sie im Tarot auf eine solche Beziehung stoßen, sagen Sie niemals als sicher vorher, dass Ihre Klientin eine Affäre

Die Liebenden

haben wird. Das liegt ganz bei ihr. Ein verführerischer Brad-Pitt-Typ mag hinter ihr her sein, doch es wird erst ernst, wenn sie die Sache ernst nimmt und sich fragt, ob ihre bestehende Partnerschaft das Risiko wert ist. Auch wenn Sie beobachtet haben, dass Ihre Klientin in ihrer Partnerschaft entsetzlich unglücklich ist, gehen Sie nicht davon aus, dass sie einem wundervollen Liebhaber in die Arme fällt. Viele Frauen, deren Partner sie schlagen, missbrauchen und vernachlässigen, bleiben dennoch treu an ihrer Seite.

Wenn Sie professionell Karten legen, werden Sie feststellen, dass diese Situation sehr häufig ist. Die meisten verheirateten Leute begegnen irgendwann einer Versuchung. Manche beißen in die verbotene Frucht, andere nicht. Das Schicksal testet oft die stärksten Beziehungen. Sie können einer verheirateten Frau begegnen, die völlig glücklich ist, doch das heißt nicht, dass die Versuchung sie nicht auf die Probe stellt. Steckt die Fragende bereits in einer Dreiecksbeziehung, achten Sie auf die umliegenden Karten; sie weisen auf Scheidung, neue Heirat oder andere Lösungen hin.

Wenn sie Single ist, geht sie innerhalb der nächsten zwölf Monate eine Beziehung ein.

Umgekehrt liegende Karte

Streit und Kampf in einer Beziehung

Das Wichtigste

- die Möglichkeit einer Liebesbeziehung
- ist die Klientin Single: Eine neue Beziehung wartet.
- Zwillinge für die zeitliche Einordnung von Ereignissen

Die großen Arkana

Tipp

Wenn Sie sehen, dass der Ehemann Ihrer Klientin untreu ist, müssen Sie sehr sorgsam vorgehen. Sie könnten sich ja auch irren. Warnen Sie Ihre Klientin davor, dass sie hören könnte, dass jemand in ihrem Umfeld eine Affäre habe. Auch wenn sie vermutet, dass ihr Partner sie betrügt, halten Sie sich zurück und bestätigen Sie das niemals direkt. Es kann auch nicht zutreffen. Wenn Sie Ihre Lesung auf Tonband aufnehmen, könnte er sie hören und kommen und Ihnen die Tür einschlagen. Denken Sie an Ihre Sicherheit.

DER WAGEN
Karte Nummer 7

Tierkreiszeichen

Krebs

Traditionelle Bedeutung der Karte

Der Wagenlenker gilt als der Sohn von Herrscher und Herrscherin. Seine Stärke kommt von seinem Vater und seine spirituelle Begabung von seiner Mutter. Seine Aufgabe ist es, den Wagen auf seinem Weg durch das Leben zu steuern, vorsichtig zu sein, während er die Pferde lenkt, und dabei auch sich selbst zu beherrschen. Es gibt ein schwarzes und ein weißes Pferd. Schwarz bedeutet böse oder schlecht und Weiß gut. Der Wagenlenker kann sich zwischen Gut und Böse entscheiden. Es ist seine Wahl.

Der Wagen

Moderne Bedeutung

Diese Karte steht für Reisen. Stellen Sie sich also den Wagenlenker auf seinem Wagen als Transportmittel vor. Obgleich oft als Reise gedeutet, ist es unwahrscheinlich, dass dies eine Fernreise wird. Wahrscheinlicher ist eine Fahrt mit dem Auto im eigenen Land. Die Reise wird kurz sein, irgendwas zwischen zwei Wochen und einer kurzen Geschäftsreise. Die Karte steht auch für Bewegung, besagt also, dass die Fragende ihre Pläne weiterbringt und vielleicht plötzlich etwas geschieht. Zeigen Sie ihr, dass sie über ihre Zeit verfügt und ihr Leben nicht in Chaos versinken lassen soll.

Liegt eine Beziehungs- oder Familienkarte dabei, so stehen Streit und Ärger ins Haus. Ist der Fragende ein Mann, so sollte er seine sexuellen Begierden kontrollieren lernen.

Verwenden Sie den Krebs für die zeitliche Einordnung von Ereignissen.

Umgekehrt liegende Karte

Eine Zeit lang passiert garnichts. Pläne und Veränderungen sind aufgeschoben. Rechnen Sie auf Reisen mit Verzögerungen. Probleme mit einem Auto kosten Geld, das sich die Fragende kaum leisten kann.

Das Wichtigste

- Reisen im eigenen Land
- die Wahl zwischen Gut und Böse
- Auseinandersetzungen unter Familienmitgliedern
- Bewegung und Veränderung
- Krebs für die zeitliche Einordnung von Ereignissen

Die großen Arkana

KRAFT
Karte Nummer 8

Tierkreiszeichen

Löwe

Traditionelle Bedeutung der Karte

Früher galt diese Karte als gnadenlos, doch mit der Zeit wurde ihre Bedeutung gemildert. Sie verkörpert die Herrschaft des Menschen über das Reich der Tiere und erinnert uns daran, dass wir alle Tiere lieben und mit dem gebührenden Respekt behandeln sollen. Das weiße Kleid steht für Stärke und Reinheit.

Moderne Bedeutung

Diese Karte bedeutet, dass die Fragende ihre Stärken einsetzen soll. Nach einer Krankheit kann körperliche Kraft gemeint sein, bei Problemen emotionale Stärke. Bestärken Sie sie darin, anderen ihre Qualitäten Liebe, Geduld und Freundlichkeit zu zeigen. Auch wenn ihr gerade das für einige Zeit schwerfällt, sagen Sie ihr, sie solle nicht aufgeben. Setzt sie ihre Kraft auf positive Weise ein, wird alles letzten Endes gut ausgehen. Die Hindernisse, auf die sie trifft, sind vielleicht gar nicht so schlimm, wie sie zunächst scheinen. Raten Sie Ihrer Klientein also nach Lösungen zu suchen, den Tatsachen ins Auge zu sehen und nicht davonzulaufen.

Liegt die Kraft bei einer Familienkarte, so könnte Ihre Klientin daran denken, ein Haustier in die Familie aufzunehmen.

Umgekehrt liegende Karte

Jemand ist grausam zu Tieren oder Menschen. Die Fragende gibt tiefen Urinstinkten nach. Missbrauch in einer Beziehung oder Untreue in einer Ehe treten zutage.

Das Wichtigste

- Setzen Sie in allen Lebensbereichen Kraft ein.
- Suchen Sie nach Lösungen für Probleme.
- Geben Sie nicht auf.
- Löwe für die zeitliche Einordnung von Ereignissen

DER EREMIT
Karte Nummer 9

Tierkreiszeichen

Jungfrau

Traditionelle Bedeutung der Karte

Diese Karte steht für Führung auf dem Gebiet der Weisheit und Wahrheit. Die in den meisten Decks abgebildete Laterne weist den Weg. Diese Karte ist nicht materialistisch, sondern zeigt Frieden, Harmonie und das Streben nach Verbesserung der Unvollkommenheiten der Seele. Der Eremit hilft der Fragenden, sich spirituell zu entwickeln.

Moderne Bedeutung

Diese Karte steht für hohen spirituellen Schutz. Jemand in der Welt der Geister wacht über die Fragende. Das kann ein Schutzengel sein oder eine Vater- oder Großvaterfigur. Meist erscheint diese Karte, wenn die Fragende eine besonders schwere Zeit durchlebt. Wenn viele negative oder trennende Karten im Legesystem auftreten, kann sie in seltenen Fällen bedeuten, dass sie an Selbstmord denkt – oder jemand in ihrer Umgebung. Die Fragende macht eine einsame oder depressive Phase durch, sucht nach Begleitung oder einer Lebensaufgabe. Raten Sie ihr, sie möge sich Zeit für sich selbst nehmen, um über ihr Leben nachzudenken.

Umgekehrt liegende Karte

Die Fragende weigert sich zu erkennen, was für sie bereitliegt. Sie steckt den Kopf in den Sand. Sie hat wenig Glauben und ist spirituell isoliert oder sich der spirituellen Seite des Lebens nicht bewusst. Sie könnte der Typ sein, der sich selbst stets vor andere reiht.

Das Wichtigste

- Vater oder Großvater im Geiste
- Niedergeschlagenheit, Suche nach einer Lebensaufgabe
- Gönnen Sie sich eine Auszeit.
- Jungfrau für die zeitliche Einordnung von Ereignissen

RAD DES SCHICKSALS

Karte Nummer 10

Traditionelle Bedeutung der Karte

In manchen Decks sehen wir auf dieser Karte einen Mann und eine Frau feiern. Sie sind König und Königin von allem, was sie besitzen. Meist purpurn gekleidet, verkörpern sie Weisheit, spirituelle Fragen und das Königtum. Das Rad selbst steht für den Jahreslauf und den Kreislauf des Lebens. Das Ende ist der Anfang, das Leben währt ewig.

Moderne Bedeutung

Viele Kartenleser betrachten dies als schlechte Karte, da sie die Lektionen des Lebens als hart erleben. Ist ein Problem gelöst, taucht ein anderes auf; doch das Leben ist nun einmal so. Nach gerade erlebten grausamen Schlägen des Schicksals kann es sein, dass die Fragende in Selbstmitleid schwelgt. Bringen Sie sie dazu, zu verstehen, dass die Welt so etwas wie eine große Schule ist. Die Lektionen, die sie durchmacht, sind Teil des geistigen Plans, der ihre Entwicklung auf eine höhere spirituelle Ebene vorsieht.

Falls Ihre Klientin reich ist oder viel Geld hat, darf sie sich nicht so sehr auf die materielle Seite des Lebens konzentrieren. Sagen Sie ihr, dass Gott ebenso schnell nehmen kann, wie er gibt, und dass sie daher ihr finanzielles Glück nicht für gesichert halten soll.

Kennen Sie das Sprichwort „Wie man in den Wald hineinruft, so schallt es heraus"? Das Gesetz des Karmas ist sehr wichtig, also seien Sie stets dankbar für das, was Sie haben.

Die Karte kann bedeuten, dass die Dinge für eine Weile im Kreis gehen.

Umgekehrt liegende Karte

Raten Sie der Klientin, auf ihre Gesundheit zu achten. Sie ist erschöpft oder deprimiert.

Das Wichtigste

- Wie man in den Wald hineinruft, so schallt es heraus.
- im Kreis laufen und nicht vorwärtskommen
- Die Fragende muss durch die harte Schule des Lebens hindurch.

GERECHTIGKEIT
Karte Nummer 11

Tierkreiszeichen

Waage

Traditionelle Bedeutung der Karte

Die Gereichtigkeit ist eine Frau mit einer Waage in der linken Hand, in der Rechten hält sie ein doppelschneidiges Schwert.

Moderne Bedeutung

Die Gerichtskarte. Wenn sie in einem Legesystem auftaucht, hat es mit Gerichtsentscheidungen in irgendeiner Form zu tun. Sie kann bedeuten, dass jemand seinen Anwalt zurate ziehen, vor Gericht aussagen, umziehen, einen Versicherungsanspruch geltend machen sollte oder etwas Ähnliches. Es kann auch um etwas weniger Spektakuläres, aber Ärgerliches wie eine Strafe wegen Falschparkens oder zu schnellen Fahrens gehen. Die umliegenden Karten verraten mehr über den Ausgang der Sache.

Gerechtigkeit kann auch eine Tilgungszeit für Karma andeuten. Die Fragende sollte in ihrem Leben für Ordnung sorgen und aufrichtig sein. Wenn sie versucht, ihre Umgebung hereinzulegen, so werden die anderen es merken. Vielleicht versucht auch jemand, die Fragende zu beeinflussen; dabei soll sie sich selbst treu bleiben.

Die Waage dient zur zeitlichen Einordnung von Ereignissen.

Umgekehrt liegende Karte

Die Fragende hat mit Polizeieinsätzen zu tun, Verbrechen oder kriminellen Handlungen.

Das Wichtigste

- Gesetze und Gericht
- Dinge müssen ins Gleichgewicht gebracht werden.
- Die Fragende sollte nicht versuchen, anderer hereinzulegen, denn diese werden Verdacht schöpfen.
- Waage für die zeitliche Einordnung von Ereignissen

DER GEHÄNGTE
Karte Nummer 12

Traditionelle Bedeutung der Karte

Die Karte zeigt einen Mann, der kopfunter an einem Ast hängt, die Hände im Rücken. Seine Beine sind in Anerkennung Gottes gekreuzt. Die beiden Bäume verkörpern Wahlmöglichkeiten. Geld fällt aus den Taschen des Mannes, das heißt, er droht zu verlieren, was er zum Überleben braucht.

Moderne Bedeutung

Bei näherem Hinsehen hat die Fragende ihr Leben kaum noch in der Hand. Sie wartet oder hängt herum und nimmt die Zukunft vorweg. Wichtig ist, dass sie einen Schritt zurück macht und zu meditieren versucht, um ihre Sichtweise zu ändern. Diese Karte ist auch eine Karte der Veränderung: Auch wenn jetzt vieles in der Schwebe ist, werden sich innerhalb der nächsten zwölf Monate die Dinge ändern. Um sich die Bedeutung der Karte zu merken, stellen Sie sich vor, wie Ihre Klientin ein Jahr lang herumhängt und auf Veränderungen wartet.

Umgekehrt liegende Karte

Vertrauen Sie auf Gott und bleiben Sie am Boden. Hüten Sie sich vor Wohltätern oder leeren Versprechungen.

Das Wichtigste

- herumhängen und auf Veränderungen warten
- große Ereignisse binnen 12 Monaten
- Meditieren ist notwendig.

TOD
Karte Nummer 13

Tierkreiszeichen

Skorpion

Traditionelle Bedeutung der Karte

Auf der Karte ist eine weiße Rose, das Symbol der Reinheit und Unschuld. Den Tod, wie wir ihn kennen, gibt es nicht. Das Leben ist ein

endloser Kreislauf aus Geburt und Tod und Geburt und Tod. Durch die Lektionen des Lebens lehrt uns die Reinkarnation, uns auf eine höhere Daseinsebene zu entwickeln.

Moderne Bedeutung

Gleich vorweg: Diese Karte symbolisiert nicht den Tod als Realität im Sinne, dass jemand stirbt. Die Karte Tod steht für das Ende eines Abschnitts im Leben und dem Anfang eines neuen. Sie ist auch eine Karte der Veränderung – weg mit dem Alten und her mit dem Neuen. Heutzutage kündigt diese Karte in den meisten Fällen gute Nachrichten an. Traditionell sagt Tod nur dann tatsächlich einen Todesfall rund um die Fragende voraus, wenn er mit der Neun oder der Zehn der Schwerter zusammenfällt. Machen wir uns nichts vor: Wenige von uns erleben ein ganzes Jahr, ohne zu hören, dass jemand gegangen ist, den wir kennen.

Diese Karte der Wiedergeburt und des Neuanfangs kann auf die Geburt eines Kindes verweisen, wenn sie bei Schwangerschaftskarten wie der Herrscherin liegt. Neben dem As der Stäbe könnte sie einen neuen Job ankünden.

Viele Menschen schrecken vor der Karte Tod zurück und denken, sie sagt jemandes Ende voraus. Nehmen Sie Ihrer Klientin die Angst davor: Es geht um das Ende einer Phase.

Skorpion hilft bei der zeitlichen Einordnung von Ereignissen.

Umgekehrt liegende Karte

Im Leben der Fragenden kommt es zu totaler Panik und Zerrüttung. Doch am Ende des Tunnels ist Licht – sagen Sie ihr, sie solle weiterkämpfen.

Tod

Das Wichtigste

- Veränderungen
- der Beginn einer neuen Ära
- eine Geburt
- Einen Todesfall zeigt die Karte an, wenn sie gemeinsam mit der Neun oder der Zehn der Schwerter erscheint.

Das Thema Tod beim Kartenlesen

Die meisten Klienten geraten in Panik, wenn diese Karte in ihrem Blatt auftaucht, und in den meisten Decks ist die Karte auch recht abstoßend und unangenehm gestaltet. Es ist sehr wichtig, dass Sie sich in einer Lesung dem Thema empfindsam nähern. Vor allem, wenn Sie die Person nicht kennen, für die sie lesen, können Sie ihre Reaktion schlecht abschätzen.

Grundsätzlich fördere ich die Einstellung „Sag, was du denkst" beim Tarotkartenlesen. Doch unerfahrende oder unsensible Kartenlegerinnen können Ihren Klientinnen Angst machen, wenn sie einen echten Tod vorhersagen. Tatsächlich erscheint er in den Karten nur selten, auch wenn wir alle im Leben Trauer erleben. Doch auch in unserem Alltag ist er nicht üblich, also seien Sie sich nicht zu sicher darin, ihn vorherzusagen. Halten Sie sich an die folgenden Richtlinien, damit sich die Fragende wohlfühlt:

1. Achten Sie auf die Nachbarkarten. Fehlen Trauer- oder Unglückskarten, so bedeutet dass, dass Veränderungen wahrscheinlicher sind als ein Todesfall.

2. Spüren Sie einen bevorstehenden Tod, so sagen Sie Ihrer Klientin, dass Sie von einem Todesfall erfahren wird, und nicht, dass sie ihn selbst erleben wird.

Die großen Arkana

3. Sagen Sie, dass die Fragende einen tröstenden Arm um die Schultern einer Freundin legen muss.

4. Sagen Sie, dass die Fragende Gelegenheit haben wird, jemandem die letzte Ehre zu erweisen, der gegangen ist, doch ohne Tränen zu vergießen. So belastet der Tod die Klientin nicht direkt. Erlebt sie dann tatsächlich einen persönlichen Verlust, wird sie Ihre Aufrichtigkeit schätzen, weil Sie das Thema erwähnt haben, auch wenn Sie „es nicht ganz getroffen" haben.

5. Sagen Sie niemals „Ich sehe einen Todesfall in den Karten", denn damit setzen Sie Ihrer Klientin den Floh ins Ohr, dass jemand stirbt, den sie liebt. Glauben Sie mir, mit manchen Leuten geht ihre Fantasie durch!

6. Setzen Sie nie voraus, dass es einen Todesfall geben wird. Sie sind nicht Gott, und Sie können sich irren.

7. Wenn Sie unsicher sind, sagen Sie nichts. Weisen Sie nur darauf hin, dass diese Karte besagt, dass eine bestimmte Situation endet und Platz macht für eine neue. In einer Hinsicht sagt die Todeskarte genau das: dass etwas sterben wird, um für etwas Neues Platz zu machen, das kommen will.

Wenn Sie professionell die Karten lesen, werden Sie bemerken, dass die meisten Menschen, die zu Ihnen kommen, in einem Dilemma stecken. Ihr Leben ist gerade aus den Fugen oder sehr schwierig. Auch wenn es sehr wichtig ist, die Karten in wahrsagender Weise zu deuten, ist es ebenso wichtig, dass die Fragende nicht mit einem schlechteren Gefühl geht als dem, mit dem sie gekommen war. Wenn Sie das tun, haben Sie als Kartenleserin versagt.

Mäßigkeit

Der Tod ist ein eigenartiges Thema. Jeder geht damit anders um. Manche Klientinnen werden nervös oder besorgt und das kann die Lesung verzerren. Spielen Sie daher stets den Gedanken an einen tatsächlichen Tod herunter und schicken Sie die Fragende mit Hoffnung im Herzen heim.

MÄSSIGKEIT
Karte Nummer 14

Tierkreiszeichen

Schütze

Traditionelle Bedeutung der Karte

Der Schütze ist der Verkünder des Wissens. In vielen Decks gießt auf dieser Karte ein Engel Wasser aus einem Kelch in den anderen. Das Wasser ist das Element der Reinigung. Der Engel hat einen Fuß auf dem Land, den anderen im Wasser und verkörpert Ausgleich und Harmonie.

Moderne Bedeutung

Der Schutzengel auf dieser Karte ist der Führer der Fragenden. Versichern Sie ihr, dass sein Geist sie schützt und sich zu jeder Zeit um sie kümmert. Das Schicksal mischt bei allem mit, was sie tut, und auch wenn die Dinge nicht so klar sind, wie Sie sie gern hätten, kommen mit der Zeit die Antworten. Die Mäßigkeit bedeutet auch Geduld, Selbstbeherrschung und Disziplin. Die Fragende ist vielleicht unausgeglichen , also sagen Sie ihr, sie soll an ihre Umgebung denken und ihre Reaktionen auf Situationen sorgfältig abwägen.

Der Schütze dient zur zeitlichen Einordnung von Ereignissen.

Umgekehrt liegende Karte

Emotionale Fehlschläge belasten. Jetzt ist nicht die richtige Zeit für neue Projekte. Die Fragende sollte ihre Zeit nicht damit verschwenden, das Unmögliche zu versuchen. Ein Konflikt im Job führt dazu, dass sie sich nach Veränderungen umsieht.

Das Wichtigste

- Der Schutzengel passt auf.
- zwei Siutuationen gegeneinander abwägen
- Geduld
- Schütze für die zeitliche Einordnung von Ereignissen

DER TEUFEL
Karte Nummer 15

Tierkreiszeichen

Steinbock

Traditionelle Bedeutung der Karte

Der Mann und die Frau auf der Karte sind wegen ihrer Schwäche an den Teufel gekettet. Der Teufel wächst aus menschlicher Unvollkommenheit und gedeiht mit der Hilfe negativer Energien.

Moderne Bedeutung

Diese Karte ist kompliziert und nicht besonders angenehm. In manchen Decks heißt sie „Versuchung", daher die Assoziation mit Schwäche oder Lust. Gier oder Perversion muss nicht immer der Fall sein, doch die Karte kann darauf hinweisen, dass die Fragende mit jemandem in Kontakt kommt, der durchtrieben ist.

Es könnte Probleme in Beziehungen oder Ehen geben und in manchen Fällen kommt es zur Trennung. Liegen benachbart viele Schwerter, kann es um Gewalt in der Partnerschaft gehen, mindestens um verbale. Liegt die Karte der Liebenden direkt daneben, kann sexuelle Perversion oder irgendeine Abartigkeit in der Beziehung vorliegen, wenngleich ich bezweifle, dass irgendeine Kartenleserin den Mut hat, das auszusprechen. Liegt der Teufel neben einer Beziehungskarte, ist zu bezweifeln, dass diese Affäre gesund ist.

Die großen Arkana

Die Karte kann auf Fragen der Gesundheit in Zusammenhang mit dem Kopf oder mit Geisteskrankheiten hinweisen. Ich habe auch gehört, dass sie Hautkrankheiten anzeigt oder etwas, das Juckreiz auskörst, verbunden mit der Vorstellung, in der Hölle zu braten.

Als Karte zur zeitlichen Einordnung von Ereignissen verweist der Teufel auf den Steinbock.

Umgekehrt liegende Karte

Ein besonders übler Charakter streicht um die Fragende herum. Die Gefahr ist groß, also raten Sie der Fragenden, um spirituellen Schutz zu bitten.

Das Wichtigste

- Gier, Perversion und Lust
- Umgang mit jemandem, der nicht sehr nett ist
- Gesundheitsprobleme mit dem Kopf, Geisteskrankheiten oder Hautprobleme
- Steinbock zur zeitlichen Einordnung von Ereignissen

DER TURM
Karte Nummer 16

Traditionelle Bedeutung der Karte

Der Blitz schlägt in den Turm ein, schmutziges Wasser umgibt seinen Fuß. Die beiden Personen, die hilflos vom Turm fallen, fallen zweifellos in Ungnade.

Moderne Bedeutung

Eine Karte des Umbruchs. Dinge im Leben der Fragenden könnten schwierig werden und viele Hindernisse liegen vor ihr. Das kann sich auf das Ende von Beziehungen oder Freundschaften, auf Streitigkeiten, Kampf oder Ärger beziehen. Vergeben fällt schwer, doch versuchen Sie die Fragende dazu zu bringen, die Dinge aus einem anderen Blickwinkel zu sehen. Veränderungen kommen und bringen ein neues Bewusstsein mit. Manchmal kann sich die Fragende auf eine Serie von Krankheiten gefasst machen, vielleicht hört sie auch nur von einem Unfall.

Umgekehrt liegende Karte

Kopfverletzungen oder Unfälle sind möglich, ebenso Depression und Katastrophen.

Das Wichtigste

- Beziehungen und Freundschaften zerbrechen.
- Unfälle und gesundheitliche Probleme
- Streit und Auseinandersetzungen

Die großen Arkana

DER STERN
Karte Nummer 17

Tierkreiszeichen

Wassermann

Traditionelle Bedeutung der Karte

Die Karte zeigt ein unbekleidetes Mädchen mit zwei Wasserkrügen; sie stehen für Geben und Nehmen. Ihre Nacktheit zeigt uns, dass sie kein Bedürfnis nach materiellem Reichtum hat.

Moderne Bedeutung

Die höchste, am stärksten spirituelle Karte von allen. Der Stern steht für Führung von oben – von jener Art, die stärker ist als alles andere. Liegt der Stern neben dem Turm, werden die geistigen Führer die Fragende beschützen, doch sie muss meditieren und versuchen, einen geistigen Glaubensinhalt auf tieferer Ebene zu verstehen. Der Stern ist auch die Karte der Nächstenliebe, die besagt, dass die Fragende anderen helfen wird, indem sie ihnen Hoffnung und Erleuchtung schenkt. Wünsche und Träume gehen in Erfüllung.

Arbeiten Sie mit dem Wassermann, um Ereignisse zeitlich einzuordnen.

Umgekehrt liegende Karte

Der Person fehlt der Glaube, doch sie hat keinen Grund zur Sorge.

Der Mond

Das Wichtigste

- höchste Schutzkarte
- Karte der Humanität, die Fragende sollte anderen helfen.
- Wassermann zur zeitlichen Einordnung von Ereignissen

DER MOND
Karte Nummer 18

Tierkreiszeichen

Fische

Traditionelle Bedeutung der Karte

Traditionell zeigt diese Karte einen Mond, der zwischen zwei Türmen scheint. Der eine Turm ist gut, steht für geistiges Wachstum und Entwicklung, der andere ist unangenehm und steht für materielle Gier. Eine Krabbe klettert aus dem Wasser und könnte die Fragende unerwartet in die Füße zwicken.

Moderne Bedeutung

Die Dinge sind nicht, was sie scheinen. In manchen Decks ist dies die Karte der Illusion. Suchen Sie in der Tiefe nach Unterschwelligem und Betrug. Die Fragende soll auf ihren Instinkt hören und vertrauen, denn am Ende wird sie im Recht sein. Situationen um sie herum können verschleiert und unklar sein oder jemand, der ihr nahe steht, verheimlicht ihr etwas. Raten Sie ihr, nicht zu vertrauensselig zu sein und genau darauf zu achten, was andere tun, damit sie sie

Die großen Arkana

nicht mit Lügen hereinlegen. Sie soll sich vor üblem Klatsch in Acht nehmen und nicht alles glauben, was sie hört.

Ist die Fragende eine Frau und liegen weitere Gesundheitskarten im Blatt, könnten ihr gynäkologische Probleme ins Haus stehen. Bei Männern sind es Magengeschwüre.

Die Fische helfen dabei, Ereignisse zeitlich einzuordnen.

Umgekehrt liegende Karte

Nach langer Zeit wird endlich ein Geheimnis gelüftet. Die Fragende soll sich vor heimlichen Feinden in Acht nehmen.

Das Wichtigste

- Lügen und Falschheit
- Geheimnisse umgeben die Klientin
- bei Frauen: gynäkologische Probleme
- bei Männern: Magengeschwüre
- Fische zur zeitlichen Eingrenzung von Ereignissen

DIE SONNE
Karte Nummer 19

Traditionelle Bedeutung der Karte

Die kraftvollen Strahlen der Sonne scheinen auf jeden von uns herab.

Die Sonne

Moderne Bedeutung

Dies ist fraglos die beste Karte im Tarot, dicht gefolgt vom As der Kelche als Verkünder guter Dinge. Was auch immer im Leben der Fragenden geschieht und vor welchen Hindernissen auch immer sie steht, es wird gut ausgehen.

Liegt die Sonne im gleichen Blatt wie eine Beziehungskarte, gedeiht eine Liebesbeziehung. Liegt sie bei Gesundheitskarten, so kann mit vollständiger Erholung gerechnet werden. Liegt die Sonne bei Karten, die Armut oder finanzielle Probleme anzeigen, kommt zusätzliches Geld ins Haus. Diese wahrhaft wunderbare Karte verspricht, dass am Ende alles gut wird.

Tipp

Nur selten liegt das As der Kelche im gleichen Blatt. Doch sollte das der Fall sein, wird alles wunderbar und die Fragende kann sich auf einen erstaunlichen Glücksfall freuen.

Umgekehrt liegende Karte

Möglicherweise Feuergefahr, aber es sollte nichts besonders Ernstes dabei passieren.

Das Wichtigste

- in jeder Hinsicht positiv
- Die Dinge bessern sich.
- die beste Karte im Deck
- mit dem As der Kelche: ein großartiges Ereignis

Die großen Arkana

GERICHT
Karte Nummer 20

Traditionelle Bedeutung der Karte

Die Karte zeigt die Zyklen des Lebens: Geburt, Tod, Karma und Wiedergeburt. Sie besagt: Die Lektionen des Lebens müssen gelernt werden, damit spirituelle Entwicklung möglich ist.

Moderne Bedeutung

Wenn diese Karte auftritt, lernt die Fragende Lektionen, von denen die Geisteswelt will, dass sie sie lernt. Dazu gehört immer ein Licht am Ende des Tunnels, das heißt, wenn es in ihrem Leben wirklich drunter und drüber geht, gibt ihr diese Karte Hoffnung und zeigt ihr, dass sie nur einen Lernprozess durchmacht.

Umgekehrt liegende Karte

Die Fragende ist eine verwirrte Seele, die von ihrem Lebensweg abgekommen ist. Eine mürrische, streitsüchtige ältere Person sorgt für Ärger.

Das Wichtigste

- die Karte des Karmas
- Nimm, was das Leben bringt!
- Reinkarnation
- spirituelle Lernprozesse

DIE WELT
Karte Nummer 21

Traditionelle Bedeutung der Karte

Die Welt wird durch eine tanzende Frau mit violettem Gewand verkörpert. Der Lorbeerkranz verkörpert Sieg, der Stier Stärke, der Löwe Intelligenz, der Adler das sehende Auge und der Mensch spirituelle Kraft oder einen Engel.

Moderne Bedeutung

Vollendung und Vollkommenheit – diese Karte ist eine besonders erfolgreiche Karte und bringt Sieg und alles Gute mit. Dazu gehört auch das Reisen um die Welt. Manchmal will sie der Fragenden sagen: Die Welt liegt dir zu Füßen, hab keine Angst, deine Chance zu ergreifen. Sieg und Erfolg liegen sichtbar vor ihr.

Umgekehrt liegende Karte

Die Fragende steckt in einer Art Spurrille und sieht nicht, welche Lektionen sie lernen muss. Unterstützen Sie sie dabei, ihr Leben zu ändern.

Das Wichtigste

- Erfolg und Sieg
- Reise, meist ins Ausland
- Vollendung
- Dir liegt die Welt zu Füßen.

3

DIE KELCHE

Die Kelche

Die Farbe der Kelche ist die erste Farbe der kleinen Arkana. Die kleinen Arkana enthalten die Details, die eine Lesung lebendig machen. Sie füllen die Lücken und helfen Ihnen, Ihre Fantasie spielen zu lassen, indem sie jede Lesung einzigartig machen. In den nächsten Kapiteln werden 56 Karten besprochen. Sie bilden die vier Farben der Kelche, Stäbe, Schwerter und Münzen.

Die Kelche sind die netteste Farbe im Tarot. Meist geht es dabei um Beziehungen und Familienangelegenheiten, sie geben Situationen aller Art eine Bedeutung. Viele Kelchkarten tragen einen positiven Zug in ein Legesystem, und oft genug lindern sie eine traurige oder finstere Lesung.

AS DER KELCHE
Karte Nummer 23

Traditionelle Bedeutung der Karte

Die Hand Gottes hält den Kelch und zeigt, dass dieser ein Geschenk des Himmels ist. Die Taube symbolisiert Heiterkeit und Ruhe.

Moderne Bedeutung

Das As der Kelche ist die zweitbeste Karte des Decks. Die Fragende wird sehr bald Freude und Frieden erleben. Achten Sie auf die umliegenden Karten, sie verraten den Grund für ihr Glück. Liegen dort schlechte Karten, so besagt diese Karte, dass das anstehende Problem gut

As der Kelche

enden wird. Die Fragende wird von einer Schwangerschaft erfahren oder jemandes Verlobung oder Hochzeit feiern. Alles wird gut, denn dies ist eine wirklich wunderbare Karte.

Umgekehrt liegende Karte

Nicht immer lief alles so, wie es sollte, doch dank harter Arbeit kommt das Glück.

Das Wichtigste

- die zweitbeste Karte im Deck
- Geburten, Hochzeiten, Verlobungen und Feiern
- ein glücklicher Ausgang

ZWEI DER KELCHE
Karte Nummer 24

Traditionelle Bedeutung der Karte

Die Karte zeigt einen Mann und eine Frau, und einigen Tarotlesern zufolge ist die Frau schwanger.

Moderne Bedeutung

Diese Karte zeigt Seelenverwandte oder zwei Personen, die besonders gut miteinander auskommen. Falls die Fragende Single ist, so steht ihr eine wunderbare neue Liebesbeziehung bevor. Sie wird sich in ihren Beziehungen wohlfühlen und sich mit ihrem Partner gut verstehen. Die Vereinigung wird erotisch sein, aber auch auf Ehrlichkeit und Aufrichtigkeit beruhen. Das Paar schafft einen sehr guten Austausch, nicht nur auf physischer Ebene, sondern auch als Vereinigung der Seelen. Diese Karte weist auf eine bevorstehende Heirat oder Verlobung und eine Schwangerschaft hin.

Falls Sie für eine Person lesen, die sich von ihrem Partner getrennt hat, sollte es bald eine Versöhnung geben.

Umgekehrt liegende Karte

Möglicherweise kommt es zu einem Bruch in Beziehungen.

Drei der Kelche

Das Wichtigste

- wunderbare Vereingung von Geist und Körper
- Versöhnung
- Verlobung, Hochzeit oder Schwangerschaft

DREI DER KELCHE
Karte Nummer 25

Traditionelle Bedeutung der Karte

Drei junge Frauen feiern mit Essen und Trinken und lassen es sich gut gehen.

Moderne Bedeutung

Dies ist eine freudige Karte. Im kommenden Jahr stehen der Fragenden Feste und Feiern anlässlich von Geburten, Hochzeiten und ähnlichen Gelegenheiten bevor. Dies ist auch die Karte eines Familienfestes. Alle Probleme im Leben der Fragenden lösen sich bald auf, sie braucht sich keine Sorgen zu machen. Falls sie ohne romantische Bindung ist, wird eine neue Liebe sie aufheitern. Wenn sie verheiratet ist oder in einer Beziehung lebt, wird alles rosig.

Umgekehrt liegende Karte

Die Fragende steckt in einer Beziehung mit Liebe aus dem falschen Grund, zu viel Sex und zu wenig Austausch. Wenn

Die Kelche

sie zu viel isst und trinkt, schießt ihr Gewicht in die Höhe. Schwierige Charaktere umgeben die Fragende und innerhalb der Familie kommt es zu Verleumdungen.

Das Wichtigste

- Feiern mit der Familie oder mit Freunden
- gelöste Probleme
- neue Liebesbeziehung oder Harmonie in der Ehe

VIER DER KELCHE
Karte Nummer 26

Traditionelle Bedeutung der Karte

Das Bild zeigt eine Person, die in einer „Ist-mir-doch-egal"-Haltung unter einem Baum sitzt.

Moderne Bedeutung

Die Fragende oder jemand, der ihr nahesteht, ist unzufrieden und glaubt, dass alles woanders besser sein müsse. Aufruhr in der Familie steht bevor, vielleicht in einer Beziehung, vielleicht gibt es aber auch generell Probleme in der Familie. Hilfe und Unterstützung kommt von unerwarteter Seite und die Dinge gehen für die Fragende viel besser aus, als sie es jetzt erwartet.

Fünf der Kelche

Umgekehrt liegende Karte

Die Fragende ist kurz davor aufzugeben und sie könnte eine großartige Gelegenheit vorüberziehen lassen. Raten Sie ihr, neue Freundschaften zu schließen und mehr unter Leute zu gehen.

Das Wichtigste

- Aufruhr in der Familie oder in einer Beziehung
- Die Fragende soll dankbar sein für das, was sie hat.
- Hilfe und Unterstützung stehen bereit.

FÜNF DER KELCHE
Karte Nummer 27

Traditionelle Bedeutung der Karte

Je nach Deck sieht die Person auf dieser Karte meist heruntergekommen aus und strahlt Bedauern und Unglücklichsein aus. Zu ihren Füßen liegen Kelche mit verschütteter Flüssigkeit, doch sie sieht nicht die beiden Kelche, die hinter ihr stehen. Sind Vögel in der Luft, so stehen sie für die menschliche Seele.

Moderne Bedeutung

Die meisten Kelche-Karten sind fröhlich, doch diese ist recht deprimierend, besonders dann, wenn sie neben Beziehungskarten erscheint. Eine Trennung ist für die Fragende nicht unwahrscheinlich, Kinder könnten auch davon betroffen sein. Sie bereut ihre letzten Handlungen und würde am liebsten die Zeit zurückdrehen. Die Karte steht auch für unerwiderte Liebe.

Neben Arbeits- oder Geldkarten besagt die Fünf der Kelche, dass ein Geschäft kracht oder Geldsorgen übermächtig werden. Manchmal und in seltenen Fällen denkt die Klientin oder jemand in ihrer engsten Umgebung an Selbstmord. Falls Sie glauben, dass das der Fall ist, müssen Sie das ernst nehmen. Das Leben hat viel zu bieten, und Unterstützung und helfende Führung sind für sie da. Sie soll den Kopf nicht hängen lassen, sondern sich umsehen, denn die Dinge sind nicht so schlecht, wie sie zu sein scheinen. Geben Sie Ihrer Klientin unbedingt Hoffnung und betonen Sie, dass es letztlich ein gutes Ende geben wird.

Umgekehrt liegende Karte

Die Fragende trifft Menschen aus ihrer Vergangenheit. Ein Umzug ist wahrscheinlich.

Das Wichtigste

- der Blick in die Vergangenheit
- Bedauern, tiefe Traurigkeit
- Probleme mit dem Beruf oder mit Geld
- unerwiderte Liebe

SECHS DER KELCHE
Karte Nummer 28

Traditionelle Bedeutung der Karte

In den meisten Decks zeigt diese Karte ein Paar. Die Frau scheint das Angebot des Mannes abzulehnen.

Moderne Bedeutung

Eine Wiedervereinigung ist wahrscheinlich. Es könnte sein, dass eine alte Liebe neu entflammt oder dass es in einer Beziehung zur Versöhnung kommt. Es geht definitiv um Konflikte und Streit und der Mann kann versuchen, die Frau herumzukriegen. Falls Sie wissen, dass die Klientin geschieden ist, kann es auch Ärger wegen des Besuchsrechts eines Kindes oder rund ums Geld geben.

Hat die Klientin größere Kinder, bahnt sich eine unschuldige Liebesbeziehung an. Meist beginnt sie damit, dass zwei junge Leute zunächst befreundet sind und erst später ein Liebespaar werden. Ihre Beziehung ist nicht sexueller Natur, sofern nicht die Liebenden im gleichen Blatt auftreten.

Umgekehrt liegende Karte

Eine kleine Erbschaft oder ein unverhoffter Glücksfall ist möglich. Die Fragende oder jemand in ihrer Umgebung ist ein Mensch, der nicht erwachsen werden will.

Das Wichtigste

- Beziehungen aus der Vergangenheit
- Versöhnung
- Streit und Ärger rund um Beziehungen
- Streit über das Sorgerecht
- bei Jugendlichen: eine unschuldige Liebe

SIEBEN DER KELCHE
Karte Nummer 29

Traditionelle Bedeutung der Karte

Einer der sieben Kelche enthält eine Schlange oder Natter. Sie steht für die unterste spirituelle Kraft. Der Lorbeerkranz ist ein Zeichen für Sieg und Erfolg. Der juwelenbesetzte Schmetterling verkörpert die Seele. Der Drache in einem der Kelche repräsentiert Zorn und Konflikte. Der letzte Kelch enthält ein Schloss, das andeuten soll, dass die Seele der Fragenden karmisch wächst.

Sieben der Kelche

Moderne Bedeutung

Dies ist eine sehr spirituelle und übersinnliche Karte. Die Fragende soll ihre Träume aufschreiben oder deuten, denn es fällt ihr leicht, mit ihren geistigen Führern in Kontakt zu treten. Vermutlich wird sie auch außersinnliche Wahrnehmungen haben.

Im nächsten Jahr wird Ihre Klientin viele Entscheidungen treffen müssen. Bereiten Sie sie auf Veränderungen vor, die für sie wiederum eine neue Lernphase bedeuten. Positive Dinge stehen bevor. Wenn Ihre Klientin sich auf diese Erfahrungen freut, beginnt für sie ein neues Kapitel ihres Lebens.

Umgekehrt liegende Karte

Die Bedeutung der umgekehrt liegenden Karte ist die gleiche wie jene der aufrecht liegenden.

Das Wichtigste

- Auswahl und Entscheidungen
- Hören Sie auf Ihre Träume; vielleicht ein Neubeginn.

Die Kelche

ACHT DER KELCHE
Karte Nummer 30

Traditionelle Bedeutung der Karte

Acht Kelche stehen auf dem Boden, während eine Figur mit Umhang davonläuft; dieses Bild verweist auf jemanden, der vor seiner Vergangenheit flieht. Alle Achten bringen im Tarot Glück.

Moderne Bedeutung

Wenn diese Karte in einem Blatt auftaucht, kann Ihre Klientin zu stark auf ihre Vergangenheit fixiert sein und zu wenig für das Heute leben. Dies ist auch die Karte fürs Weitergehen und für Richtungswechsel. Liegen die Liebenden oder die Zwei der Kelche daneben, kann es sein, dass Ihre Klientin darüber nachdenkt, ob sie an einer Beziehung festhalten … oder aus ihr ausbrechen möchte.

Eine blonde Frau kommt in das Leben der Fragenden. Achten Sie auf die weiteren Karten im Blatt, um zu beurteilen, ob sie gut oder böse ist.

Acht der Kelche

Umgekehrt liegende Karte

Die Fragende ergeht sich in Selbstmitleid. Sie könnte einer sehr selbstsüchtigen und egoistischen Person begegnen.

Das Wichtigste

- Situationen hinter sich lassen
- Neuanfänge
- kein Leben in der Vergangenheit
- Im Tarot verkörpert die Acht Glück und Hoffnung.

Die Kelche

NEUN DER KELCHE
Karte Nummer 31

Traditionelle Bedeutung der Karte

Diese Karte zeigt einen rundlichen Mann, der sich des Lebens freut. Gut ernährt und fröhlich genießt er alles, was das Leben zu bieten hat. Die neun stehenden Kelche hinter ihm bedeuten Überfluss. Die rumänischen Roma nennen diese Karte „die Wunschkarte".

Moderne Bedeutung

Als Wunschkarte ist diese Karte wahrhaft positiv. Wann immer sie in einem Blatt auftritt, besagt sie, dass die Wünsche der Fragenden in Erfüllung gehen. Machen Sie ihr Hoffnung, sagen Sie ihr voraus, dass ihre Zukunft voll Freude sein wird und dass eine Feier bevorsteht. Laden Sie sie ein, sich zu wünschen, was immer sie will – mit der Zeit wird sie es erhalten. Manche Kartenleser bitten die Fragende gern, sich auf diese Karte hin im Stillen etwas zu wünschen.

Umgekehrt liegende Karte

Die Fragende neigt dazu, zu viel zu essen, zu trinken und zuzunehmen. Andere nutzen die Gastfreundschaft oder Gutmütigkeit der Fragenden aus.

Zehn der Kelche

Das Wichtigste

- die Wunschkarte
- Wünschen Sie sich etwas.
- Feiern
- Überfluss

ZEHN DER KELCHE
Karte Nummer 32

Traditionelle Bedeutung der Karte

Auf dieser Karte finden Sie eine Familie. Manchmal ist ein Regenbogen dabei; er steht für Freude und ein Ziel.

Moderne Bedeutung

Diese Karte verkündet eine gute Beziehung oder liebevolle Partnerschaft. Das Paar mag Schwierigkeiten gehabt haben, doch jetzt findet es zu Glück und Stabilität. Beide müssen an ihrer Ehe jedoch weiter arbeiten, denn das Leben bringt immer wieder Probleme mit sich. Wenn sich die Liebenden bemühen, werden sie glücklich, erfolgreich und noch enger verbunden sein, als sie es jetzt sind. Falls Sie für eine Single-Frau lesen, können Sie ihr eine solche Beziehung für die Zukunft vorhersagen.

Wenn diese Karte in der Nähe der Neun der Münzen liegt, kann sie auch einen Glücksfall vorhersagen. Das kann nur eine sehr kleine Geldsumme oder ein kleines Geschenk sein, es kann aber auch sehr wertvoll sein. Sagen Sie nur dann einen großen Gewinn vorher, wenn Sie sich ganz sicher sind.

Umgekehrt liegende Karte

Ein Familienzwist führt dazu, dass ein Kind davonläuft. Romantische Kabbeleien und Spielchen gehen noch mindestens sechs Monate lang weiter. Falls diese Karte neben der Neun oder Zehn der Schwerter auftaucht, erfährt Ihre Klientin von einem Todesfall.

Das Wichtigste

- Beziehungs- und Hochzeitskarte
- Glücksfall oder großer Gewinn
- Schlechte Beziehungen gab es in der Vergangenheit, doch wahres Glück steht bevor, sobald die Liebenden ernsthaft daran arbeiten, einander glücklich zu machen.

PAGE DER KELCHE
Karte Nummer 33

Traditionelle Bedeutung der Karte

Die Karte steht für ein Kind mit blauen oder hellbraunen Augen und blondem oder aschblondem Haar. Die Farbe hängt natürlich von der ethnischen Zugehörigkeit ab. In manchen Decks steht der Page für ein Mädchen, doch traditionell können Pagen beiderlei Geschlechts sein.

Moderne Bedeutung

Das Kind ist mit der Fragenden irgendwie verbunden, daher könnte es sich um ein Kind handeln, das sie derzeit hat oder in der Zukunft haben wird. Falls das wegen des Alters oder der Gesundheit der Fragenden nicht möglich ist, könnte es so etwas wie eine Nichte, ein Neffe oder ein Enkelkind sein.

Persönlichkeit

Dieses Kind ist sanftmütig und bereitet seiner Familie in der Regel keine Probleme. Es wird sein Familienleben lieben und sich mit Freunden und Bekannten gut verstehen. Es wird nicht besonders intelligent sein und kann in der Schule kämpfen müssen, doch später im Leben geht es seinen Weg und wird einen Job ausüben, der praktische Fertigkeiten erfordert.

Die Kelche

Der Page der Kelche begeistert sich meist für Kunst oder eine milde Form des Sports. Seine Hobbys könnten Tanzen, Singen, Musik, bildende Kunst, Bühne, Theater, Kampfkünste oder Billard sein.

Dieses Kind bringt eine starke übersinnliche Begabung mit. Bereiten Sie also Ihre Klientin darauf vor, dass es Fantasiefreunde hat oder schon früh von Gott und den Engeln erzählen wird. Die Karte bezeichnet eine einnehmende kleine Person, die jede Familie gern in ihren Reihen hätte.

Als Situation

Die Karte kann für einen Kurs, Unterricht oder das Erlernen von etwas Neuem stehen, das künstlerisch oder kreativ sein kann.

Umgekehrt liegende Karte

Die Karte steht für eine Veränderung im Charakter eines Kindes.

Das Wichtigste

- steht in manchen Decks für ein Mädchen
- Neigung zu außersinnlichen Wahrnehmungen
- ein Kind, das sanfte Sportarten und Kunst liebt

RITTER DER KELCHE
Karte Nummer 34

Traditionelle Bedeutung der Karte

Die Karte verkörpert einen jungen Mann zwischen 17 und 29. Bei Weißen sind seine Augen meist blau oder hellbaun, seine Haare können stroh- bis aschblond sein.

Moderne Bedeutung

Dieser junge Mann ist bei Frauen wegen seines Charmes und seines guten Aussehens beliebt. Er besitzt Charisma und kann alle Mädchen haben, die er will. Er ist nur selten einer Partnerin treu und hinterlässt eine Spur von gebrochenen Mädchenherzen. Er ist sehr sexy, rassig und smart, ein Verführer, der Mädchen benutzt und

wieder fallen lässt und dazu neigt, zu viel zu trinken oder auch Drogen zu nehmen.

Dieser junge Mann könnte Probleme mit dem Gesetz gehabt haben. Vielleicht hat er auch schlechte Zeugnisse, da er sich auf das Lernen nicht konzentrieren konnte (oder wollte). Er ist ein liebenswerter Filou, der irgendwann auf den rechten Weg kommen wird. Seine Großzügigkeit sorgt dafür, dass er viele Freunde hat, auf die er sich verlassen kann, auch wenn er selbst anderen kein verlässlicher Freund ist.

Wenn die Fragende eine Frau ist, ist dies in vielen Fällen ein Sohn. Geben Sie ihr Hoffnung für diesen Ritter, da er nur selten auf lange Sicht ein schlechter Mensch ist.

Als Situation

Die Karte kann für Besucher, Gesellschaft, Besuche bei Freunden und kurze Ausflüge stehen.

Umgekehrt liegende Karte

Der Ritter der Kelche verliert seine Geliebte an einen anderen Mann. Sind außer ihm noch zwei oder mehr männliche Figurenkarten im Blatt, muss er sich aufraffen und für etwas kämpfen. Es kann auch sein, dass er sich bedroht fühlt.

Das Wichtigste

- ein Herzensbrecher
- ein treuloser Liebhaber
- Herumpfuschen mit Bagatelldelikten
- Alkohol, Drogen und schnelle Autos
- Charakterwandel im späteren Leben

KÖNIGIN DER KELCHE
Karte Nummer 35

Traditionelle Bedeutung der Karte

Je nach ethnischer Zugehörigkeit ist diese Königin meist blond und blau- oder braunäugig. Ihr Alter ist irgendetwas über siebzehn.

Moderne Bedeutung

Eine erwachsene Frau, eine liebevolle, sanfte Person, eine mütterliche Figur, die ihr Familienleben und ihre Kinder liebt. Manchmal ist sie zu sanft oder lässt es zu, dass andere ihre Gutmütigkeit ausnutzen. Vielleicht ist sie geschieden und wird ihre wahre Liebe erst später im Leben finden, wenn sie in ihren Ansichten klarer geworden ist. Sie liebt Tiere und die Natur. Sie beobachtet sehr genau, verfügt über eine unglaublich ausgeprägte Intuition und ihr gesunder Menschenverstand erspart ihr viel Ärger. Fremden begegnet sie reserviert, doch sobald jemand ihr Vertrauen gewonnen hat, ist sie ihm oder ihr eine Freundin fürs Leben.

Als Situation

Gute Zeiten mit Freunden stehen bevor.

Umgekehrt liegende Karte

Eine entsetzliche Schwiegermutter oder Stiefmutter oder Klatschbase, die sich in alles einmischt und alles übertreibt.

Das Wichtigste

- wunderbare mütterliche Person
- Liebe zu Tieren
- liebt ihr Zuhause, leibliche Genüsse und Kinder
- ist möglicherweise geschieden

KÖNIG DER KELCHE
Karte Nummer 36

Traditionelle Bedeutung der Karte

Dieser Mann hat je nach ethnischer Zugehörigkeit blaue oder hellbraune Augen. Ihn umgibt eine Aura der Autorität.

Moderne Bedeutung

Dieser König ist ehrgeizig und trägt geschäftliche Verantwortung. Er macht einen starken, machtvollen Eindruck und erteilt anderen verlässliche, gute Ratschläge. Er kann gelegentlich andere niederbügeln. Manchmal ist er rücksichtslos in der Ehe, indem er schweigsam und wenig kommunikativ ist, ganz anders, als er sich im Berufsleben zeigt.

Eine zurückgezogene Person, die ihre Gedanken weitgehend für sich behält. Er zeigt nur wenig von dem, was in ihm vorgeht, auch nicht den Menschen, die ihm am nächsten stehen und am liebsten sind. Was Ehe und Versprechungen angeht, muss er sich größere Mühe geben, denn seine

König der Kelche

Frau kann ihn sonst langweilig und geistlos finden. Er ist jedoch ein verlässlicher Vater, solide und beständig und in manchen Fällen auch religiös.

Als Situation

Neue männliche Bekanntschaften sind wahrscheinlich, werden aber von kurzer Dauer sein.

Umgekehrt liegende Karte

Dieser Mann könnte ein Heiratsschwindler sein. Er kann andere steuern und manipulieren. Er ist ein Mann, der gern mit seinen Freunden trinkt.

Das Wichtigste

- ehrgeizig, verantwortlich, privat ein guter Berater
- mundfaul, geistlos und langweilig
- Vaterfigur

4

DIE STÄBE

Die Stäbe

Die Stäbe im Tarot werden mit Arbeit, Karriere und geschäftlichen Angelegenheiten verbunden. Wenn mehr als drei Stäbe-Karten im gleichen Blatt erscheinen, steht die Karriere, das Geschäft, die Arbeit oder eine ehrenamtliche Tätigkeit zum Zeitpunkt des Kartenlesens für die Fragende im Vordergrund.

AS DER STÄBE
Karte Nummer 37

Traditionelle Bedeutung der Karte

Ein einzelner Stab füllt die Mitte der Karte. In manchen Decks trägt er Zweige, die Wachstum und Wiedergeburt symbolisieren. Die Hand Gottes trägt Gaben.

Moderne Bedeutung

Alle Asse im Tarot sind optimistisch, und diese Karte bereitet in jedem Blatt Freude. Sie zeigt der Fragenden einen neuen Anfang oder eine Entdeckung, auf die sie sich freuen kann, wie sie überhaupt immer etwas Gutes bedeutet. In den meisten Fällen kann dies ein Job oder ein Neubeginn mit Besitz oder einem Geschäft sein. Liegt das As zwischen weiteren Stäbe-Karten, könnte es sich auf eine Situation rings um die Arbeit beziehen (achten Sie auf die umliegenden Karten, um festzustellen, ob sie gut oder schlecht sind). Diese Karte kann aber auch Fruchtbarkeit oder eine mögliche Geburt verkünden.

Zwei der Stäbe

Umgekehrt liegende Karte

Eine Verzögerung oder Blockade ist möglich.

Das Wichtigste

- neuer Job oder neue Geschäftsidee
- Fruchtbarkeit und Geburt

ZWEI DER STÄBE
Karte Nummer 38

Traditionelle Bedeutung der Karte

Ein Mann hält in der Linken einen Ast mit Blättern und Eicheln. Eine Kristallkugel in der Rechten verleiht ihm die Weisheit, im Leben die rechte Wahl zu treffen.

Moderne Bedeutung

Die Zweien im Tarot verkörpern Entscheidungen. Diese Karte kann daher die Notwendigkeit für eine wichtige berufliche Entscheidung anzeigen. Eine neue Herausforderung liegt vor der Fragenden, doch es ist an ihr, sie anzunehmen oder fallen zu lassen, da es keine Schicksalsfrage zu sein scheint. Manchmal weist diese Karte auf eine große berufliche Anstrengung hin, vor allem, wenn störende Karten im Blatt vorhanden sind. Die Fragende kann über eine Anschaffung wie ein neues Auto oder ein teures Geschenk für jemanden nachdenken.

Umgekehrt liegende Karte

Verzögerungen und Rückschläge stehen bevor, haben Sie Geduld. Die Fragende wird ihr Interesse an Arbeit oder Beruf verlieren und Alltagsbeschäftigungen langweilen sie.

Das Wichtigste

- Entscheidungen in Arbeit und Beruf
- Schwierigkeiten und Probleme
- größere Anschaffungen oder Geschenke

DREI DER STÄBE
Karte Nummer 39

Traditionelle Bedeutung der Karte

Eine Figur steht zwischen drei Stäben. Sie stützt die Stäbe, was bedeutet, dass sie die Stimmung seiner Umgebung hebt und andere aufmuntert.

Moderne Bedeutung

Die Fragende hilft vielleicht einer Freundin oder Verwandten. Die Energie, die sie benötigt, um die Menschen in ihrer Umgebung aufzumuntern, schwächt sie selbst und ermüdet sie. Andere in schwierigen Zeiten zu stützen, ist bis zu einem gewissen Punkt fein, doch nicht, wenn es die eigene Kraft der Fragenden aufbraucht.

Drei der Stäbe

Wenn Sie für jemanden lesen, der nicht für sich selbst sorgen kann, bedeutet diese Karte, dass sie die Hilfe und die Unterstützung anderer sucht, aber sich nur selten an die Ratschläge hält, die jene ihr geben.

Eine andere Bedeutung dieser Karte ist, dass sich Arbeit und Beruf verbessern. In manchen Fällen bringt Arbeit Reisen mit sich.

Umgekehrt liegende Karte

Die Fragende verschwendet ihre Begabungen und hört auf die falsche Ratgeber.

Das Wichtigste

- das Erteilen oder Empfangen von Ratschlägen und Hilfe
- Verbesserungen auf der Ebene Karriere, Arbeit und Beruf

Die Stäbe

VIER DER STÄBE
Karte Nummer 40

Traditionelle Bedeutung der Karte

Vier Stäbe stehen aufrecht und symbolisieren die vier Wände eines Zuhauses oder die Sicherheit in seinem Inneren. Daneben ist diese Karte meist eine Anspielung auf das Familienleben.

Moderne Bedeutung

In manchen Tarotdecks wird diese Karte mit einer Heirat oder einer Beziehung verbunden, in der Menschen miteinander leben. Da Stäbe Arbeit bedeuten, kann es sein, dass diese Beziehung harte Arbeit erfordert, damit sie ein Erfolg wird. Vielleicht gab es in der Vergangenheit Schwierigkeiten, vielleicht treten sie aber auch erst in der Zukunft auf. Gibt sich das Paar Mühe, kann es vergangene Schäden beseitigen. Die Fragende soll ihre Ziele verfolgen und sich an Erfolgen freuen.

Umgekehrt liegende Karte

Beziehungen gehen in die Brüche. Die Fragende gibt zu viel Geld aus.

Das Wichtigste

- Heirat oder feste Beziehung
- Harte Arbeit verbessert eine Beziehung.
- Ziele verfolgen

Fünf der Stäbe

FÜNF DER STÄBE
Karte Nummer 41

Traditionelle Bedeutung der Karte

Fünf Stabträger kämpfen miteinander. Jede Figur ist anders gekleidet, was an eine Vielfalt von Meinungen denken lässt.

Moderne Bedeutung

Im Beruf gibt es Kämpfe und Probleme. Kollegen der Fragenden sind über berufliche Dinge aufgebracht und es gibt keinen Frieden, keine Ruhe, keine Harmonie. Die Karte steht für eine Bewährungsprobe. Die Klientin soll stark sein und sich nicht durch Mobbing oder Verrat unterkriegen lassen. Das Leben kann vorübergehend unangenehm sein.

Umgekehrt liegende Karte

Die Fragende ist im Keller, doch die Dinge werden sich bessern. Sie muss die Dinge nehmen, wie sie sind, oder fortgehen. Sie kann versuchen, die Dinge in ihrer gegenwärtigen Lage gerade zu rücken oder später eine neue Lösung finden.

Das Wichtigste

- Kämpfe im Beruf
- Mobbing und Verrat
- aufgebrachte Kollegen

Die Stäbe

SECHS DER STÄBE
Karte Nummer 42

Traditionelle Bedeutung der Karte

Ein stolzer Reiter mit sechs Stäben, die ihn umgeben. Er hält einen Stab mit Lorbeerkranz und rotem Band, das für Tapferkeit steht, und trägt den Lorbeerkranz des Siegers auf dem Haupt.

Moderne Bedeutung

Die Fragende hat harte Zeiten hinter sich und kämpft vielleicht immer noch. Die umliegenden Karten zeigen, wo die Probleme liegen, doch welcher Art sie auch sind, diese Karte sagt den kommenden Sieg voraus. Ihre Schwierigkeiten werden nur noch von kurzer Dauer sein.

Die Karte kann auch gute Nachrichten verkünden oder den Kauf oder Tausch eines Autos. Liegt sie zwischen vielen Schwerter-Karten, kann sie auf Probleme mit einem Fahrzeug hindeuten.

Umgekehrt liegende Karte

Der Sieg lässt auf sich warten oder geht verloren. Vielleicht strebt die Fragende nach fremdem Besitz.

Das Wichtigste

- Erst gab oder gibt es Kämpfe, dann folgt der Sieg.
- Gute Nachrichten stehen ins Haus.
- Autotausch oder Probleme mit einem Fahrzeug

SIEBEN DER STÄBE
Karte Nummer 43

Traditionelle Bedeutung der Karte

Ein Mann steht mit einem Stab in der Hand und sechs Stäben um ihn herum. Er beobachtet das nachdenklich.

Moderne Bedeutung

Diese Karte kann zwei einander entgegengesetzte Dinge bedeuten, nämlich eine Entlassung oder eine Beförderung. Falls die Sieben der Stäbe zwischen negativen Karten liegt, ist die Bedeutung Verlust, meist des Arbeitsplatzes. Doch liegen positive Karten dabei, so sagt sie eine Beförderung vorher. Sieht die Fragende keinerlei Möglichkeit für eine Beförderung in ihrer derzeitigen Stellung, so zeigt die Karte einen Jobwechsel an, der für sie einen Aufstieg oder mehr Geld bedeutet. Sie soll ihren Schwierigkeiten nicht ausweichen, sondern sich ihnen stellen, denn nur dann wird alles gut.

Die Sieben der Stäbe kann auch besagen, dass die Klientin bald andere lehren oder ausbilden wird, also anderen Informationen weitergibt.

Umgekehrt liegende Karte

Die Fragende kann ein blamables Erlebnis vor sich haben. Jemand stellt ihr möglicherweise eine Falle oder versucht, sie vor anderen herabzusetzen.

Das Wichtigste

- Beförderung oder Jobverlust
- unterrichten oder ausbilden
- Schwierigkeiten begegnen lernen

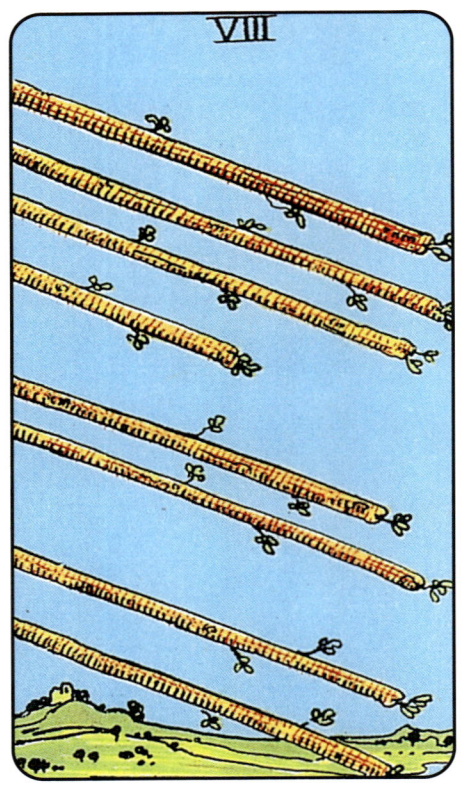

ACHT DER STÄBE
Karte Nummer 44

Traditionelle Bedeutung der Karte

Acht Stäbe fliegen durch eine sanfte Landschaft mit üppiger Vegetation. Der Fluss ist eine Anspielung auf Natur und Zeit.

Moderne Bedeutung

Dies ist eine der Reisekarten, doch meist bezieht sie sich auf Flugreisen. Wenngleich Stäbe für Arbeit stehen, ist dies wohl eine Vergnügungsreise. Ihre Klientin könnte bald Gelegenheit zu einem wohlverdienten Urlaub bekommen. Auch ein Umzug passt zu dieser Karte. Sie könnten also vorhersagen, dass die Fragende nicht immer bleiben wird, wo sie derzeit ist.

Falls Sie diese Karte auf eine Arbeitssituation anwenden, bedeutet sie Vorwärtskommen, solange sie nicht auf dem Kopf steht. Veränderungen stehen bevor, doch sie werden langsam beginnen und erst später an Tempo gewinnen.

Umgekehrt liegende Karte

Im Beruf kommt es vielleicht zu einem Streik. Die Fragende storniert einen Urlaub. Am Arbeitsplatz kann es zu Eifersüchteleien kommen und im Beruf oder zu Hause zu Streit.

Das Wichtigste

- Flugreise
- Nach langem Warten zeigen sich erste Veränderungen.
- ein Umzug
- Beförderung oder Probleme bei der Arbeit

NEUN DER STÄBE
Karte Nummer 45

Traditionelle Bedeutung der Karte

Ein Mann steht mit einem Stab an der Seite vor acht Stäben. Sie können das so deuten, dass ihn die Stäbe schützen, falls er sich verteidigen muss.

Moderne Bedeutung

Dies ist die Karte der Vorsicht. Die Fragende soll auf der Hut sein. Zu ihren Freunden oder denen ihres Partners gehört ein Zeitdieb oder eine hinterhältige Person. Achten Sie auf die anderen Karten im Blatt, um die Situation und deren Ausgang genauer zu erkennen. Kleine Gruppen von Personen könnten sich gegen die Fragende zusammenschließen.

Umgekehrt liegende Karte

Ein Familienmitglied könnte zu viel trinken oder Drogen nehmen.

Das Wichtigste

- Die Fragende soll vorsichtig sein.
- Zeitverschwender sind unterwegs.
- Andere könnten sich gegen die Fragende zusammentun.

ZEHN DER STÄBE
Karte Nummer 46

Traditionelle Bedeutung der Karte

Ein Mann versucht, die Stäbe auf den Schultern zu tragen. Die Feder in seinem Hut verkörpert seine Entschlossenheit, ein Projekt um jeden Preis zum Abschluss zu bringen.

Moderne Bedeutung

Die Fragende muss eine Weile lang schwer arbeiten, um eine Aufgabe abzuschließen und ihre Vorgesetzten zufrieden zu stellen. Im Beruf kann es passieren, dass sie gebeten wird, zusätzliche Verantwortung zu übernehmen, und es kann sein, dass andere sie selbstverständlich immer mehr belasten. Liegt diese Karte bei Beziehungskarten, so belastet ihr Partner sie zusätzlich und hinterlässt sie emotional und physisch erschöpft. Diese Karte kann auch heißen, dass die Fragende einen Beruf ohne Zukunft ausübt.

Page der Stäbe

Umgekehrt liegende Karte

Die Fragende wartet auf eine Beförderung. Ihr wird ein Erbe gestohlen. Sie bricht sich die Knochen oder verletzt sich.

Das Wichtigste

- schwere Arbeit und Plage
- Übernahme von viel Verantwortung
- Druck; bei der Arbeit geht nichts weiter.

PAGE DER STÄBE
Karte Nummer 47

Traditionelle Bedeutung der Karte

Ein gut gekleideter Jüngling hält einen Stab in beiden Händen. Die Federn auf seinem Hut verkörpern die Götter des ägyptischen Pantheon.

Moderne Bedeutung

In den meisten Decks können Pagen männlich oder weiblich sein, doch sehr oft ist der Page der Stäbe ein Junge bis zu 15 Jahren. Er ist ein liebenswertes neugieriges Kind, lebhaft und leicht zu führen. Es kann sich um den Sohn der Fragenden oder einen Verwandten handeln. Hören Sie auf das, was dieses Kind zu sagen hat, denn es könnte ein Überbringer von guten Nachrichten sein.

Als Situation

Diese Karte könnte für Neuigkeiten, Briefverkehr oder für das Niederschreiben von etwas Wichtigem stehen.

Umgekehrt liegende Karte

Krankheit, schlechte Nachrichten und Gerüchte belasten die Fragende schwer. Dummejungenstreiche und ungeduldige Freunde können die Fragende ärgern.

Das Wichtigste

- Mädchen oder Junge, meist aber ein Junge
- helläugig und hellhaarig, je nach ethnischer Herkunft
- angenehmes Kind, mit der Fragenden verwandt
- Gute Nachrichten stehen ins Haus.

DER RITTER DER STÄBE

Karte Nummer 48

Traditionelle Bedeutung der Karte

Ein gepanzerter Ritter zu Pferde trägt einen Stab über seine rechte Schulter gelegt. In manchen Decks ziert ein Drache seinen Helm, der für Kampf und Schlachten steht.

Moderne Bedeutung

Bei weißen Menschen hat dieser Ritter meist blaue oder grüne Augen und sein Haar ist blond bis mittelbraun. Er kann gut reden und ist ein Typ, der sich nicht viel um andere kümmert, sondern eigene Interessen verfolgt. Dabei ist er recht konservativ. Die Ritter der Stäbe und der Kelche können bisweilen unstet sein, doch später im Leben werden sie ruhiger. Im Alter um die Zwanzig wird er häufig den Job wechseln, mit wechselnden Partnern Bettgeschichten haben und sorglos vor sich hin leben, ohne sich viele Gedanken zu machen. Manchmal bringt ihn seine gedankenlose Haltung in Teufels Küche.

Seine außergewöhnliche rhetorische Begabung sorgt dafür, dass seine Meinungen manchmal festgefahren oder starr sind. Andere erleben seinen Mangel an Takt als Angriff. Dabei ist er ein netter junger Mann, der erst aufblüht, wenn er völlig erwachsen ist.

Die Stäbe

Als Situation

Diese Karte bedeutet Reisen und Gespräche, besonders zu Geschäftszwecken.

Umgekehrt liegende Karte

In der Umgebung der Fragenden gibt es einen unsicheren jungen Mann, der Versprechen bricht. Er ist jemand, der keiner Versuchung widerstehen kann.

Das Wichtigste

- blond oder braunhaarig, je nach ethnischer Herkunft
- helle Augen, je nach ethnischer Herkunft
- ruhelos, häufiges Wechseln des Arbeitsplatzes
- traditionelle Ansichten
- schwatzhaft, Gabe der Rede
- Sagt bisweilen etwas unbedacht daher.

KÖNIGIN DER STÄBE
Karte Nummer 49

Traditionelle Bedeutung der Karte

Eine helläugige Frau thront in der freien Landschaft. Ihr goldfarbenes Haar ist auf dieser Karte meist im Licht und verweist auf die Farbe der Sonne.

Moderne Bedeutung

Die Königin der Stäbe ist meist nett, liebt die Natur und Tiere und hat oft das Haus voller Tiere. Sie liebt ihr Zuhause und ist eine fast perfekte Ehefrau und Mutter. Ökologische Fragen interessieren sie und sie ist stets bereit, sich für eine gute Sache einzusetzen. Wenn ihr Partner ihr nicht die benötigte Aufmerksamkeit schenkt, neigt sie eventuell dazu, zu flirten oder sich auf eine Affäre einzulassen, doch ihr Partner muss sie schon zum Letzten treiben, damit sie so weit geht.

Als Situation

Die Fragende lässt sich beraten und trifft dann vernünftige geschäftliche oder finanzielle Entscheidungen.

Umgekehrt liegende Karte

Die Fragende oder jemand in ihrer Umgebung kann eine flatterhafte, wankelmütige Person sein, schwankend und unbeständig. Sie hat kein Interesse an Familienleben.

Das Wichtigste

- treusorgende, liebevolle Frau
- blauäugig, je nach ethnischer Herkunft
- rotblond oder blond, je nach ethnischer Herkunft
- liebt Tiere und die Natur
- gute Ehefrau und Mutter
- im Extremfall anfällig für eine Affäre

KÖNIG DER STÄBE
Karte Nummer 50

Traditionelle Bedeutung der Karte

Ein Mann steht aufrecht und überblickt das Land. Seine reiche Krone zeigt uns, dass er spirituell entwickelt ist.

Moderne Bedeutung

Dieser König ist angenehm und bei allen beliebt. Er ist ein aufrechter, verlässlicher, amüsanter Mann mit Humor. Er ist sanftmütig und besonders auf seine Familie und Freunde ausgerichtet. In der Regel ist er treu, doch wie die Königin muss er romantisch interessiert bleiben. Dieser König ist intelligent und im Geschäftsleben erfolgreich Er ist ein ausgezeichneter Vorgesetzter oder Arbeitgeber und ist fair und mitfühlend. Im besten Fall fällt er Entscheidungen gemeinsam mit seiner Partnerin, doch er kann auch einen schwachen Willen haben und überlässt ihr dann sämtliche Entscheidungen. Er ist ein großarti-

König der Stäbe

ger Vater und seine Frau kann sich auf ihn verlassen, auch wenn er etwas zu sanft sein kann und den Kindern zu viel durchgehen lässt. Eine Tochter könnte ihn um den kleinen Finger wickeln.

Als Situation

Es kommt zu Gesprächen und Verhandlungen, die von Erfolg gekrönt sind.

Umgekehrt liegende Karte

Dieser Mann könnte ein Lügner sein, verschlagen und unaufrichtig. Innerhalb der Familie könnten viele gebrochene Versprechen und Streitereien auftauchen.

Das Wichtigste

- helles oder braunes Haar, je nach ethnischer Herkunft
- blaue oder graue Augen, je nach ethnischer Herkunft
- intelligent, verlässlich, amüsant, witzig
- guter Vater und Ehemann, bisweilen zu sanft
- in der Regel treu

5

DIE SCHWERTER

Die Schwerter

Diese Farbe ist leider ziemlich deprimierend, denn Schwerter stehen für Streit, Krankheiten und Spannungen. Wenn jemand besonders harte Zeiten durchmacht, können in seinem Blatt viele Schwerter auftauchen. Am besten lässt man eine schwierige Lesung mit etwas Positivem enden; ansonsten geht die Klientin mit wenig Hoffnung heim.

AS DER SCHWERTER
Karte Nummer 51

Traditionelle Bedeutung der Karte

Die Hand Gottes hält ein doppelschneidiges Schwert. Es verkörpert Gerechtigkeit auf höherer Ebene. Die Krone, aus der ein Palmwedel und rote und weiße Rosen herauskommen, ist ein Zeichen großartigen spirituellen Handelns.

Moderne Bedeutung

Diese Karte berichtet, dass die Fragende kürzlich Ärger oder schwere Zeiten erlebt hat und niedergeschlagen oder sogar depressiv sein kann. Durch diese schweren Zeiten hat sie einige wichtige Lektionen gelernt, und nun wird der Sieg folgen. Geben Sie ihr Hoffnung, wenn sie niedergeschlagen ist, und sagen Sie ihr, dass sie bald feststellen wird, dass ihr Leben wieder im Lot ist. Vor allem, wenn die Fünf der Münzen im Glatt liegt, ist diese Karte mit Krankenhäusern und Operationen verbunden. Erscheint auch der Turm, kann das As eine Wunde verkünden, die genäht werden muss.

Zwei der Schwerter

Umgekehrt liegende Karte

Das Schicksal nimmt seinen Lauf. Die Fragende muss sich vor falschen Entscheidungen hüten und mit Verzögerungen und Erschütterungen rechnen.

Das Wichtigste

- Auf Kämpfe folgt der Sieg.
- neben der Fünf der Münzen: eine Operation
- neben dem Turm: Nähte in einer Wunde

ZWEI DER SCHWERTER
Karte Nummer 52

Traditionelle Bedeutung der Karte

Eine Frau mit Augenbinde hält zwei gekreuzte Schwerter. Sie kann die Dinge um sich herum nicht klar erkennen. Die Scheidungskarte.

Moderne Bedeutung

Irgendwann in der Zukunft wird die Fragende massive Beziehungsprobleme erleben. Eine einst glückliche Ehe oder Partnerschaft wird bitter und ein hoffnungsloser Ausgang für die Beziehung ist unvermeidlich. Untreue oder künftige Untreue sind im Spiel, wenn die Liebenden, die Drei der Schwerter oder der Teufel im Blatt sind. Die Fragende muss bewusst entscheiden, ob sie an der Beziehung festhält. Doch wie sie sich auch entscheidet, der Bruch ist unausweichlich.

Dieses Szenario kann sich auch auf eine geschäftliche Partnerschaft oder sogar auf ein Vorhaben beziehen, das die Fragende aufgeben sollte.

Tipp

Wenn Sie eine professionelle Kartenlegerin sein wollen, seien Sie sehr vorsichtig bei Ihren Vorhersagen mit dieser Karte. Sie könnten für jemanden lesen, der gerade frisch verliebt ist oder vor kurzem geheiratet hat. In vielen Fällen birgt die Karte eine Langzeitprognose. Die Fragende kann noch vom Gefühl wahrer Liebe erfüllt sein; ihr zu sagen, dass die Beziehung irgendwann enden wird, würde sie nur unnötig aufregen. Sie könnten ihr aber sagen, dass ihre Beziehung einige Schwierigkeiten birgt und dass sie später einmal entscheiden muss, wei sie sie weiterführt. Auch wenn Sie wissen mögen, dass das Ende bevorsteht, muss es stets die Entscheidung der Fragenden sein, den Bruch herbeizuführen. Sagen Sie niemals vorher, dass ihr Partner sie verlassen wird.

Umgekehrt liegende Karte

Lassen Sie sich nicht zu einer Entscheidung drängen.

Das Wichtigste

- Scheidung oder Trennung
- Entscheidungen
- Blockaden

DREI DER SCHWERTER
Karte Nummer 53

Traditionelle Bedeutung der Karte

Die Karte zeigt ein von drei Schwertern durchbohrtes Herz. Die Ehebruchskarte.

Moderne Bedeutung

Nur wenn die Liebenden im gleichen Blatt auftauchen, ist dies die Ehebruchskarte. Die Fragende muss nicht verheiratet sein, sie kann auch nur mit jemandem zusammenleben. Wenn Sie Ehebruch vorhersagen, sagen Sie stets dazu, dass es die Entscheidung der Fragenden ist, treu zu bleiben oder falsch zu sein. Auch wenn die Geister etwas Neues in ihr Leben bringen, ist dies ein Test für sie und am Ende hat sie allein die Wahl. Sie muss sich nicht auf eine Affäre einlassen, sie kann ihr auch aus dem Wege gehen. Diese Karte deutet jedenfalls an, dass die Fragende nicht glücklich ist und dass es ihr noch eine Weile lang schlecht gehen wird.

Liegt die Drei der Schwerter neben der Herrscherin, kann die Fragende von einer Fehlgeburt erfahren. Wenn sie neben Karten liegt, in denen es um die Gesundheit geht, kann jemand um die Fragende Herzprobleme oder Angina haben.

Eine andere Bedeutung der Karte kann natürlich auch ein Umzug sein.

Umgekehrt liegende Karte

Einsamkeit und Verwirrung.

Das Wichtigste

- mit den Liebenden: Ehebruch
- mit Gesundheitskarten: Herzprobleme
- mit der Herrscherin: Fehlgeburt
- Aufruhr und Elend
- ein Umzug

VIER DER SCHWERTER
Karte Nummer 54

Traditionelle Bedeutung der Karte

Ein Ritter liegt auf einem Sarg am Fenster. Er isoliert sich von der Außenwelt.

Moderne Bedeutung

Dies ist eine der vielen Gesundheitskarten, da sie besagt, dass die Fragende oder jemand, der ihr nahe steht, von einer Krankheit genest. Es geht nicht unbedingt um eine schwere Krankheit, eher um einen Virus oder ein kleineres Problem. Sie wird sich jedoch von der Außenwelt zurückziehen, vielleicht indem sie sich frei nimmt. Dies ist auch eine Zeit des Wartens. Die Fragende muss daher geduldig sein. Letztlich liegt alles in der Hand des Schicksals, also bestätigen Sie die Fragende darin, dass die Zukunft in den Händen der Geisterwelt liegt.

Umgekehrt liegende Karte

Machen Sie für einige Zeit Pause, haben Sie Geduld.

Das Wichtigste

- Genesung zu Hause
- Bettruhe wegen einer geringfügigen Erkrankung
- Das Schicksal bestimmt, also üben Sie sich in Geduld.

FÜNF DER SCHWERTER
Karte Nummer 55

Traditionelle Bedeutung der Karte

Eine Gestalt mit Kapuze blickt auf eine Szene der Hoffnungslosigkeit. Sie hält drei Schwerter, hat also den Ausgang in der Hand und muss die Dinge zum Besseren wenden. Nicht alles ist verloren.

Moderne Bedeutung

Diese Karte bezieht sich auf Gesundheit und besonders auf geistige Belastung und Druck, der die Fragende eine Zeit lang am Rande ihrer Nerven leben lässt. Die Karte enthält auch etwas Zorniges, da sie Gewalt und Feindseligkeit

zeigt. Deren Wurzel ist oft eine Beziehung. Die Fragende kann unter seelischem oder körperlichem Missbrauch durch einen Partner leiden. Vielleicht verbreiten andere über sie Gerüchte, vielleicht gibt es Streit in der Familie. Selten kann es bei der Fragenden oder jemandem, den sie kennt, zu einem Einbruch kommen.

Ein positiver Aspekt dieser Karte: Binnen zwölf Monaten wird sich ein Bewunderer einstellen.

Umgekehrt liegende Karte

Die Fragende kann in einer Weltuntergangsstimmung sein. Vielleicht ignoriert sie gute Ratschläge.

Das Wichtigste

- seelische oder nervliche Gesundheitsprobleme
- familiärer Streit, Klatsch
- Gewalt oder seelischer Druck rings um Beziehungen
- Einbrüche
- ein Bewunderer

SECHS DER SCHWERTER
Karte Nummer 56

Traditionelle Bedeutung der Karte

Ein Mann steuert ein Boot aus kabbeligem Wasser in ruhiges Wasser, was bedeutet, dass die Dinge wieder besser werden.

Moderne Bedeutung

Die Karte hat mit Bewegung zu tun. Das kann ein Umzug sein, ein Jobwechsel, ein neuer Partner oder einfach nur die Bewegung hin zu Besserem. Sie können vorhersagen, dass die Fragende sich von ihrem gegenwärtigen Platz entfernen wird – vielleicht nur ein paar Kilometer weit, vielleicht an einen fernen Ort. Die Sechs der Schwerter kann Ferien im Ausland vorhersagen, vor allem, wenn andere Reisekarten dabei liegen. Sie bedeutet das Ende von Problemen und bevorstehende tröstliche Zeiten.

Umgekehrt liegende Karte

Verzögerungen rings um einen Umzug oder eine Reise. Vielleicht wird ein Urlaub verschoben.

Das Wichtigste

- Umzug in eine andere Gegend
- Urlaub und eine bessere Zukunft

Die Schwerter

SIEBEN DER SCHWERTER

Karte Nummer 57

Traditionelle Bedeutung der Karte

Ein Mann mit verdecktem Gesicht, das nicht klar zu sehen ist, deutet an, dass jemand nicht sein wahres Gesicht zeigt. Eine Karte der Kriminalität oder von Mantel-und-Degen-Aktionen.

Moderne Bedeutung

Dies ist keine nette Karte, denn sie kann Diebstahl bedeuten, also alles vom Einbruch bis zum Handtaschenraub, Betrug oder einen anderen Verlust. Liegt sie neben Pagen, ist es vielleicht ein Kind, das stiehlt. Doch seien Sie vorsichtig, wenn Sie einen Einbruch vorhersagen. Manche Menschen drehen beim Gedanken daran durch. Er muss nicht die Fragende selbst betreffen.

Die Karte zeigt auch Eifersucht. Jemand rings um die Fragende ist neidisch oder nachtragend, aber schlau genug, sein wahres Gesicht zu verbergen. Warnen Sie die Klientin vor falschen Freunden und manipulativen Kollegen.

Umgekehrt liegende Karte

Dinge, die verloren waren, finden sich wieder an. Die Fragende wird sich mit einer geliebten Person wieder versöhnen.

Acht der Schwerter

Das Wichtigste

- Diebstahl und Betrug
- Tricksereien und Eifersucht

ACHT DER SCHWERTER
Karte Nummer 58

Traditionelle Bedeutung der Karte

Eine Frau steht inmitten von acht Schwertern und kann sich nicht bewegen. Ihre Binde sagt uns, dass sie die Wahrheit nicht sehen kann oder will.

Moderne Bedeutung

Die Fragende wird sehr verwirrt sein, weil sie im Inneren weiß, dass etwas falsch ist, aber der Situation nicht ins Auge sehen will. Das deutet meist auf Probleme in der Beziehung oder im Beruf hin. Karmisch gesprochen, konfrontiert diese harte Schule die Fragende mit ihren Schwächen und lässt sie gestärkt aus der Situation hervorgehen. Es kann auch sein, dass eine Frau rund um die Fragende sie verletzen oder sich an ihr rächen will.

Umgekehrt liegende Karte

Die Fragende soll den Kopf hoch halten und alles wird bald gut. Negative Gefühle verblassen.

Das Wichtigste

- das Gefühl, in einer Falle zu sitzen
- Verwirrung
- Eine Frau ist auf Rache aus.
- Karma, spirituelle Lektionen lernen

NEUN DER SCHWERTER
Karte Nummer 59

Traditionelle Bedeutung der Karte

Die Hände der Figur sind gebunden als Symbol für die Dinge, die wir nicht steuern können.

Moderne Bedeutung

Die Karte kann Tod bedeuten, doch hier gelten die gleichen Regeln wie beim Tod in den großen Arkana. Ein tatsächlicher Tod ist nur der Fall, wenn die Karte neben dem Turm liegt, was einen plötzlichen Tod bedeutet wie durch einen Herzanfall oder Unfall. Diese Situation ist sehr selten, Sie werden diese Kombination also nur selten erleben. Weil die Lesung so extrem ist, müssen Sie sie nach Möglichkeit herunterspielen. Ohne den Turm besagt die Neun der Schwerter, dass sich die Fragende in der Falle fühlt oder in einer scheinbar hoffmungslosen Lage ist. Es kann auch sein, dass sie Schwierigkeiten mit einer Mutter oder Schwiegermutter hat.

Zehn der Schwerter

Umgekehrt liegende Karte

Auf Gewitter folgt Sonnenschein. Endlich kommen gute Nachrichten.

Das Wichtigste

- mit dem Turm: Tod
- hoffnungslose Situationen
- Probleme mit einer Mutter- oder Schwiegermutterfigur

ZEHN DER SCHWERTER
Karte Nummer 60

Traditionelle Bedeutung der Karte

Ein von zehn Schwertern durchbohrter Mann liegt hilflos blutend auf dem Boden. Schnee fällt aus einem schwarzen Himmel und zeigt einen hoffnungslosen Tag an. Traditionsgemäß gelten die Neun oder die Zehn der Schwerter als Todeskarten.

Moderne Bedeutung

Für mich ist dies die schlimmste Karte im Deck, denn sie lässt sehr wenig Hoffnung. Falls sie in einem Blatt erscheint, konzentrieren Sie sich auf die umgebenden Karten. Erscheint die Zehn der Schwerter mit dem Tod im gleichen Blatt, ist der Tod von jemandem oder etwas höchst wahrscheinlich.

Die Schwerter

Ohne den Tod kann sie finanziellen Verlust aufgrund von Pech, Arbeitsverlust oder in Ausnahmefällen sogar Bankrott bedeuten. Krankheit könnte eine Rolle spielen. Bemühen Sie sich, der Fragenden Hoffnung zu geben und lassen Sie stets etwas Positives folgen.

Umgekehrt liegende Karte

Karmische Schuld wurde bezahlt. Die Fragende sollte hoffnungsfroh und ermutigt sein, denn sie wird in schlechten Zeiten geistigen Schutz genießen.

Das Wichtigste

- mit dem Tod: ein Todesfall
- schwache Gesundheit, Krankenhaus, Krankheit
- finanzieller Verlust
- Elend

PAGE DER SCHWERTER
Karte Nummer 61

Traditionelle Bedeutung der Karte

Ein Kind steht aufrecht, das Schwert erhoben, bereit zum Kampf.

Moderne Bedeutung

Dieser Page kann ein Junge oder ein Mädchen sein und ist schwer zu lenken. Er hat seinen eigenen Willen und eigene Ansichten. Er kann auch starrsinnig sein und hat Schwierigkeiten mit Disziplin. Seine Eltern kämpfen ständig darum, ihn zu steuern, und manchmal sind sie mit ihrem Latein am Ende. Bisweilen ist dieses Kind hyperaktiv und sollte von einem Spezialisten behandelt werden. Die bockige, bisweilen boshafte Art dieses Kindes bringt es mit Lehrern und Menschen, die es betreuen, immer wieder in Schwierigkeiten. Als Teenager kann es mit dem Gesetz in Konflikt geraten.

Es liegt ganz bei Ihnen, wie Sie in einer Lesung diese Karte interpretieren. Sie können das Gefühl haben, dieser Page ist nur etwas nervig – wie ein kleines Kind in der Trotzphase. Doch er wird immer etwas schwierig sein und die Fragende wird ihn auf den rechten Weg in seinem Leben bringen müssen. Seine guten Eigenschaften sind, dass er viel Liebe gibt und dass er zu einer sehr fähigen Person heranwachsen wird.

Als Situation

Wichtige Nachrichten treffen ein oder die Fragende unterzeichnet einen Vertrag oder ein anderes wichtiges Dokument.

Umgekehrt liegende Karte

Versuchen Sie ein krankes oder geisteskrankes Kind zu verstehen, das körperlich oder geistig behindert sein könnte.

Das Wichtigste

- Wesen eines Kindes – schwierig, hyperaktiv, bösartig und eigensinnig
- Junge oder Mädchen

RITTER DER SCHWERTER
Karte Nummer 62

Traditionelle Bedeutung der Karte

Ein finsterer, gefährlich aussehender Ritter steht aufrecht mit einem Schwert, das für seine Geistesstärke steht.

Moderne Bedeutung

Dieser Ritter ist eine furchtlose, souveräne Person mit wenig oder ohne Gewissen. Wenn er sich etwas in den Kopf setzt, kann ihn nichts daran hindern, sein Ziel zu erreichen, und es ist ihm gleich, wem er dabei auf die Zehen steigt. Meist ist er attraktiv, aber finster und geheimnisvoll, da er niemanden an sich heranlässt. Frauen begehren ihn, da er sinnlich und besonders leidenschaftlich ist. Wie die meisten Ritter ist auch dieser junge Mann ziemlich von sich selbst eingenommen.

Als Situation

Eine Reise ist wahrscheinlich, möglicherweise ohne lange Vorwarnung, vielleicht eine Last-Minute-Buchung oder ein schneller Entschluss.

Umgekehrt liegende Karte

Die Fragende soll warten und geduldig sein.

Die Schwerter

Das Wichtigste

- dunkle Farben
- rätselhaft, tiefgründig
- attraktiv, leidenschaftlich, ehrgeizig
- Reisen

KÖNIGIN DER SCHWERTER

Karte Nummer 63

Traditionelle Bedeutung der Karte

Eine dunkelhaarige Frau sitzt und starrt vor sich hin, ein erhobenes Schwert in der Hand. Die roten Rosen symbolisieren ihre Leidenschaft, aber ihre spitze, stachelige Krone legt nahe, dass mit ihr nicht gut Kirschen essen ist.

Moderne Bedeutung

Wenngleich diese Frau bisweilen eine scharfe Zunge haben kann, ist sie der Typ, der alles im Griff zu haben scheint. Sie ist eine starke, selbstgenügsame Frau, die mit den meisten Dingen um sich herum im Einklang lebt. Sie ist karriereorientiert und mag ihre Arbeit. Sie lässt sich von niemandem zum Narren halten und neigt dazu, Männern zu misstrauen. Die Männer bewunderns sie wegen ihrer körperlichen wie ihrer seelischen Schönheit. Vielleicht hatte sie früher Schwierigkeiten in ihrem Leben und ist zynisch geworden. Sie hat eine weiche Seite und ist eine ausgeglichene Mutter, die ihren Kindern die Unabhängigkeit gibt, die sie brauchen, und lässt sie ihren eigenen Weg finden.

Als Situation

Es kann zu Konflikten kommen und die Fragende muss dann gegen schwierige Menschen ihren Mann stehen.

Umgekehrt liegende Karte

Die Fragende oder jemand in ihrer Umgebung kann untolerant sein, sich in alles einmischen und die Meinungen anderer nicht wahrnehmen.

Das Wichtigste

- stark, karriereorientiert
- hatte ein schwieriges Leben
- misstraut Männern
- eine ausgeglichene Mutter
- geschieden oder verwitwet

Die Schwerter

KÖNIG DER SCHWERTER

Karte Nummer 64

Traditionelle Bedeutung der Karte

Ein ernst blickender König steht aufrecht, ein zweischneidiges Schwert fest in der Hand. Es steht für wahre Gerechtigkeit.

Moderne Bedeutung

Dieser Mann ist meist ein beliebter Mensch, überall gern gesehen, ein Intellektueller oder allgemein jemand, der in seinem Beruf Erfolg hat. Wegen seiner Fähigkeiten, mit Firmenpolitik umzugehen, und wegen seiner extremen Enschlossenheit bei allem, was er tut, wird der König der Schwerter geschäftlich stets erfolgreich sein. Diese Karte kann auch auf bestimmte Berufe verweisen, etwa auf einen Arzt, einen Lehrer oder auf einen Angehörigen des Militärs. Dieser Mensch ist nicht besonders spirituell, aber auch kein Agnostiker.

Als Situation

Die Fragende wird einen Arzt, einen Anwalt, einen Architekten oder sonst jemanden konsultieren, der über besonderes Wissen verfügt oder besondere Fähigkeiten besitzt.

König der Schwerter

Umgekehrt liegende Karte

Die Karte kann einen Tyrannen bezeichnen, der seine Macht missbraucht, einen harten Ehemann oder Vater, oder einen unzuverlässigen und geheimniskrämerischen Mann.

Das Wichtigste

- ein bewunderter Mann
- dunkle Augen, dunkles Haar
- eher politisch als spirituell

6

DIE MÜNZEN

Die Münzen

In vielen Decks heißt diese Farbe auch Scheiben oder Pentakel. Münzen werden mit Geld, Studium und Arbeit verbunden. Nur selten sagen sie ernsthafte oder anhaltende Probleme an. Erscheinen mehr als drei Karten dieser Farbe in einem Blatt, könnte die Fragende geldhungrig sein oder beruflich mit finanziellen Angelegenheiten zu tun haben.

AS DER MÜNZEN
Karte Nummer 65

Traditionelle Bedeutung der Karte

Eine Hand hält eine schimmernde Münze, umgeben von Wachstum und Blumen. Dies symbolisiert Gott, der für vorausgegangene Anstrengungen wohlverdienten Reichtum verleiht.

Moderne Bedeutung

Die beste Geldkarte des Tarot. Auch wenn unangenehme Geldkarten im Blatt sind, verspricht diese, dass der Führer der Fragenden finanziell auf sie achtgibt. Machen Sie der Fragenden Hoffnung und informieren Sie sie darüber, dass Geld bald frei fließen wird. Neue Pläne und neue geldbringende Ideen haben Erfolg. Asse sind immer positiv, also freuen Sie sich auf einen Neustart oder sogar eine neue Adresse.

Erscheint diese Karte mit dem Glücksrad, so wird die Fragende etwas erben oder Geld von einer Versicherung erhalten. Neben der Neun der Münzen bedeutet diese Karte, dass eine größere Geldsumme auftaucht. In seltenen Fällen kann das ein Lotteriegewinn sein, doch diese Kombination kann auch erscheinen, wenn jemand ein Haus verkauft.

Umgekehrt liegende Karte

Die Fragende leidet an Gier, Materialismus und Armut.

Das Wichtigste

- finanzieller Gewinn, Erfolg
- ein neues Projekt
- wenn neben passenden Karten: Geldbeträge

ZWEI DER MÜNZEN
Karte Nummer 66

Traditionelle Bedeutung der Karte

Ein junger Mann balanciert zwei Münzen in dem Versuch, seine finanziellen Angelegenheiten auszubalancieren.

Moderne Bedeutung

Keine gute Karte für Geldangelegenheiten, denn sie besagt, dass die Fragende auf ihr Konto achten soll. Für eine Weile wird Geld knapp und sie muss mit Bargeld jonglieren. Zum Glück ist die Phase der finanziellen Knappheit

bald vorbei, denken Sie also daran, Ihrer Klientin neben dieser Voraussage viel Hoffnung zu machen. Zweien im Tarot bedeuten Entscheidungen, und in diesem Fall wird die Fragende finanzielle Entscheidungen treffen müssen. Dazu kann ein Wechsel der Kreditkarte oder eine Umschuldung gehören, sofern damit eine Verbesserung der Konditionen verbunden ist.

In dieser Karte geht es auch ums Briefeschreiben und um verschiedene Arten der Kommunikation.

Umgekehrt liegende Karte

Die Fragende wird auf rechtliche Schwierigkeiten und Barrieren treffen. In ihrer Zukunft gibt es nicht eingehaltene Versprechen, doch finanzielle Verbesserungen sind im Anzug.

Das Wichtigste

- vorübergehendes Jonglieren mit Geld
- ein Loch mit dem anderen zustopfen
- Briefe und Mitteilungen
- Entscheidungen rund ums Geld

DREI DER MÜNZEN
Karte Nummer 67

Traditionelle Bedeutung der Karte

Ein junger Mensch arbeitet schwer mit Hammer und Meißel, um Fortschritte zu machen.

Moderne Bedeutung

Oft bedeutet diese Karte berufliche Selbstständigkeit. Nicht jeder, für den Sie die Karten lesen, ist freiberuflich tätig oder will das sein. Doch wenn diese Karte erscheint, wird die Fragende sich wahrscheinlich selbstständig machen und sich selbst finanziell erhalten. Falls sie es bereits ist oder werden will, achten Sie auf die umliegenden Karten, um etwas über den Ausgang der Sache zu erfahren. Dies ist auch die Lehrlingskarte. Ihre Fragende kann also neue Fertigkeiten lernen oder eine Universität oder Hochschule besuchen.

Umgekehrt liegende Karte

Streitigkeiten wegen Geld.

Das Wichtigste

- berufliche Selbstständigkeit
- finanzielle Unabhängigkeit
- Hochschule, Studium oder Lehre

Die Münzen

VIER DER MÜNZEN
Karte Nummer 68

Traditionelle Bedeutung der Karte

Eine Frau sitzt zwischen vier Scheiben. Drei befinden sich vor ihr, eine über ihr. Dies zeigt die Notwendigkeit, den größten Teil seines Geldes sicher aufzubewahren und nicht zu viel auszugeben.

Moderne Bedeutung

Die Fragende soll nicht zu viel Geld ausgeben. Unsichere Zeiten stehen ihr bevor, sie soll ihr Geld sicher aufbewahren. Alternativ dazu kann sie auch mit einer Person zu tun haben, die von Geld besessen ist oder geizig oder knickerig ist.

Liegt eine Reisekarte daneben, kann diese Karte auch bedeuten, dass jemand bei der Führerscheinprüfung durchfällt.

Umgekehrt liegende Karte

Geldverlust der Fragenden. Vielleicht arbeitet sie auch schwer für wenig Lohn.

Das Wichtigste

- Geben Sie nicht mehr Geld aus, als Sie haben.
- eine geizige oder geldgierige Person
- mit Reisekarten: Durchfallen bei der Führerscheinprüfung

FÜNF DER MÜNZEN
Karte Nummer 69

Traditionelle Bedeutung der Karte

Zwei elende Gestalten sitzen vor fünf Scheiben und trösten einander. Die blutdurchtränkten Bandagen verweisen auf Wunden und Krankenhäuser. In vielen Decks ziehen die beiden durch die Straße, hinter ihnen ein erleuchtetes Fenster, was besagt, dass sie in der Kälte stehen, während es andere warm und gemütlich haben, gesund sind und genug zu essen haben.

Moderne Bedeutung

Eine komplizierte Karte. Allein steht sie für Sorgen und Ängste, die die Fragende belasten, ebenso wie Geldmangel. Mit der Vier der Stäbe, den Liebenden, der Zwei der Kelche und der Zehn der Kelche ist das Ende einer Liebesbeziehung wahrscheinlich. Liegt die Fünf der Münzen bei Gesundheitskarten wie der Zehn der Schwerter, dem Teufel oder der Vier der Stäbe, besagt sie, dass die Fragende krank wird oder dass jemand in ihrer Umgebung zum Zahnarzt oder operiert werden muss. Erscheint sie mit der Herrscherin, ist ein Kaiserschnitt nötig.

Erscheint mehr als eine dieser genannten Karten im gleichen Blatt wie diese Fünf, so ist es am besten, nur eine Interpretation zu verwenden. Wenn mehr Beziehungs- als Gesundheitskarten im Blatt auftauchen, ziehen Sie eine Trennung in Betracht, es sei denn, Sie fühlen sich intuitiv zu einer bestimmten Karte und Deutung hingezogen.

Umgekehrt liegende Karte

Gott konfrontiert die Fragende mit einer karmischen Lektion, die sie lernen muss.

Das Wichtigste

- Armut und Mangel
- Operationen
- Trennung, das Ende einer Beziehung

SECHS DER MÜNZEN
Karte Nummer 70

Traditionelle Bedeutung der Karte

Ein Mann hält eine Waage in der einen Hand und teilt mit der anderen Geld aus. Er wägt seine finanzielle Lage ab.

Moderne Bedeutung

Diese Karte ist recht gut. Die Fragende wird zwar künftig keinen finanziellen Mangel leiden, muss aber auf ihre Ausgaben achten. Sie neigt dazu, zu großzügig zu sein, gibt anderen vielleicht zu viel. Warnen Sie die Fragende davor, Geld oder Gegenstände zu verleihen, da alles, was sie verleiht, lange braucht, bis es zurückkommt, falls es das jemals tut!

Umgekehrt liegende Karte

Rechtliche Probleme. Jemand könnte sich eine Freundschaft erkaufen. Die Fragende soll darauf achten, nicht draufzuzahlen. Unbezahlte Schulden.

Das Wichtigste

- Geben Sie Geld aus, aber sparen Sie auch etwas.
- keine größeren Geldprobleme
- Verleihen Sie kein Geld, es kommt vielleicht nicht zurück.
- Die Fragende ist zu großzügig.

SIEBEN DER MÜNZEN
Karte Nummer 71

Traditionelle Bedeutung der Karte

Ein Bauer steht da, bereit zu ernten. Er sieht in die Zukunft und fragt sich, ob Gott seine Felder wohl erneut segnen wird.

Moderne Bedeutung

Vielleicht macht sich Ihre Klientin unnötige Geldsorgen. Versichern Sie ihr, dass Geister sie schützen werden. Raten Sie ihr aber auch, in den nächsten zwölf Monaten keinen Kredit aufzunehmen, da sie mit der Rückzahlung zu kämpfen haben könnte.

Liegt diese Karte neben einem Pagen, könnte die Fragende mit einem sehr bösen Kind zu tun haben.

Umgekehrt liegende Karte

Die Fragende wartet auf eine Veränderung. Ein Geldversprechen wird möglicherweise nicht gehalten.

Das Wichtigste

- unnötige Sorgen über Geld
- durch harte Arbeit verdientes Geld
- Warnung vor der Aufnahme von Krediten
- neben Pagen: bösartige Kinder

Acht der Münzen

ACHT DER MÜNZEN
Karte Nummer 72

Traditionelle Bedeutung der Karte

Ein Mann sitzt voll Vertrauen in sein Vorhaben. Die Scheiben hinter ihm sind ein Symbol des bisher Erreichten, die beiden vor ihm verweisen auf weitere Bemühungen.

Moderne Bedeutung

Die Karte für Studium und Kurse; sie zeigt, wie eine Person eine neue Fähigkeit lernt. Wenn Sie wissen, dass Ihre Klientin Kinder hat, könnte ihr Sprössling Prüfungen ablegen, studieren oder eine Ausbildung machen. Achten Sie auf die umgebenden Karten, um Erfolg oder Fehlschlag zu erkennen. Andererseits könnte diese Karte bedeuten, dass die Fragende nochmals die Schulbank drückt oder Fortbildungskurse besucht.

Umgekehrt liegende Karte

Die Fragende könnte Probleme mit ihrem Ego haben. Sie oder jemand in ihrer Umgebung fällt durch Prüfungen durch.

Das Wichtigste

- Kurse, Studium, Prüfungen
- neue Lernerfahrungen

Die Münzen

NEUN DER MÜNZEN
Karte Nummer 73

Traditionelle Bedeutung der Karte

Eine aufwändig gekleidete Frau trägt Münzen um den Hals und zeigt so ihren Reichtum.

Moderne Bedeutung

Eine großartige Geldkarte. Geld kommt ins Haus, entweder als Einmalzahlung oder regelmäßig. Es gibt keine Sorgen wegen der Finanzen. Die Geisterwelt gibt der Fragenden mehr als genug zum Leben. Neben dem As der Münzen zeigt sie großen Reichtum, vielleicht sogar einen Lotteriegewinn an. Dafür müssen die beiden Karten allerdings in der Mitte gekreuzt auf der Signifikatorkarte liegen (Kapitel 7).

Die Karte verkündet auch Reisen in exotische Gegenden.

Umgekehrt liegende Karte

Die Fragende könnte das Opfer ihres eigenen Reichtums sein. Geld ist gut, doch in ihrem Leben fehlt die Liebe.

Das Wichtigste

- ausgezeichnete Finanzlage
- Geld kommt in Hülle und Fülle
- Einmalzahlungen und Lotteriegewinne

ZEHN DER MÜNZEN
Karte Nummer 74

Traditionelle Bedeutung der Karte

Ein reiches Paar umarmt sich. Die Münzen neben ihnen zeigen ihre finanzielle Sicherheit.

Moderne Bedeutung

Diese Beziehungskarte betrifft Menschen, die als Paar zusammenleben. Meist haben sie in der Vergangenheit emotionell oder finanziell zu kämpfen gehabt. Doch ihre Beziehung ist so stark, dass sie die Schläge des Lebens aushält. Sie werden sich schließlich über finanzielle Erfolge freuen und brauchen sich um Geld keine Sorgen zu machen. Eine solche Beziehung ist so stark, dass sie, falls das Blatt auch die Zwei der Schwerter enthält, eher von einer fremden Trennung hören als selbst von einer betroffen sind. Liegt die Zehn der Münzen neben einer Gruppe von Hofkarten, steht eine Familienfeier oder ein Familienfest unter einem guten Stern.

Umgekehrt liegende Karte

Die Fragende kann Schwierigkeiten mit Pensionen und Versicherungen haben. Es kann Steuerprobleme oder rechtliche oder finanzielle Schwierigkeiten geben.

Die Münzen

Das Wichtigste

- Beziehungs- oder Hochzeitskarte
- finanzielle Sicherheit
- Die Fragende hält die Schläge des Lebens aus.
- Familienfeiern

PAGE DER MÜNZEN
Karte Nummer 75

Traditionelle Bedeutung der Karte

Ein junger Mensch betrachtet die Landschaft und nimmt alles auf, was er sieht. Er hält eine Münze, ein Zeichen, dass seine Zukunft finanziell gesichert ist.

Moderne Bedeutung

Dieses Kind ist ruhig und fleißig, liest gern und lernt gut. Die Schule ist ihm wichtig, es bemüht sich sehr, gute Noten zu bekommen. Dies ist der intellektuellste der Pagen; dieses Kind wird eine gute Ausbildung genießen und anschließend erfolgreich Karriere machen.

Das Aussehen dieses Pagen ist umstritten. Er könnte blond oder braunhaarig und hell- oder dunkeläugig sein. Traditionell ist die Familie der Scheiben blond, doch im Zuge der neueren Entwicklung des Tarot hat ein modernerer Zugang diesen strikten Kanon aufgebrochen.

Ritter der Münzen

Als Situation

Ein kleiner Bonus, eine geringfügige Lohnerhöhung oder ein kleiner Glücksfall.

Umgekehrt liegende Karte

Die Fragende ist von gelangweilten, übel gelaunten Kindern mit vergeudeten Talenten umgeben.

Das Wichtigste

- ein fleißiges Kind, das gern lernt
- Hochschule oder Universität

RITTER DER MÜNZEN
Karte Nummer 76

Traditionelle Bedeutung der Karte

Ein stolzer Ritter in repräsentativer Haltung. Die Lanze, die er hält, ist ein Phallussymbol, und die Münze in seiner Hand steht für sein Streben nach finanziellem Erfolg.

Moderne Bedeutung

Dieser Ritter ist ein gewissenhafter Mann, der schwer gearbeitet und geübt hat, um seine Ziele zu erreichen. Er ist gescheit, hat studiert, doch er hat seine Möglichkeiten noch nicht ausgeschöpft, hat also noch Anreize, weiter zu lernen und seine Ausbildung zu vervollkommnen. Als Jugendlicher zeigt er nur wenig Interesse an Frauen, vielleicht ist er schüchtern, vorsichtig oder einfach an Sex nicht interessiert. Doch das holt er bald nach und stellt alle anderen Ritter in den Schatten: Er erlebt eine Phase als echter Romeo mit vielen Freundinnen. Der Unterschied zwischen diesem Ritter und den anderen ist, dass er Frauen respektiert und gut behandelt. Später wird er erfolgreich im Beruf sein, Karriere machen und viel erreichen.

Als Situation

Finanzen und Beruf blühen, doch die Fragende muss Vorsicht walten lassen. Diese Karte steht auch für Reisen.

Umgekehrt liegende Karte

Dieser Ritter kann arrogant und unrealistisch sein, er muss auf den Boden der Tatsachen zurückgeholt werden.

Das Wichtigste

- ein gescheiter, gebildeter junger Mann
- zuerst zurückhaltend in der Liebe, holt dann auf
- macht Karriere

KÖNIGIN DER MÜNZEN
Karte Nummer 77

Traditionelle Bedeutung der Karte

Eine Königin beugt sich über eine Münze. Ihre Kleidung betont ihre Schönheit. Die Früchte auf der Karte symbolisieren ihre Reife. Sie trägt einen großen Ring als Zeichen der Beständigkeit.

Moderne Bedeutung

Diese Frau hat gute Umgangsformen, ist gebildet und elegant. Sie interessiert sich für Kunst und befasst sich mit ökologischen Fragen und karitativen Aufgaben. Meist ist sie einflussreich und hat einen Sinn fürs Geschäftliche. Ihr größter Fehler ist, dass sie herrschsüchtig sein kann, besonders gegenüber ihren Kindern. Ihre Gedanken haben Tiefgang, sie ist schwer zu ergründen.

Als Situation

Finanzen, Geschäfte und die Karriere wachsen und gedeihen. Geld wird für etwas Wichtiges ausgegeben.

Umgekehrt liegende Karte

Diese Frau heiratet wegen des Geldes. Sie mischt sich in alles ein und ist eine Klatschbase.

Das Wichtigste

- schöne Frau, liebt die Künste und gute Taten.
- einflussreich, neigt zur Dominanz

KÖNIG DER MÜNZEN
Karte Nummer 78

Traditionelle Bedeutung der Karte

Der König trägt einen Helm, der mit Hörnern geschmückt ist. Er hält sein Szepter als Symbol seiner Macht.

Moderne Bedeutung

Dieser König ist eine attraktive Person, die im Leben eine gewisse Stellung erreicht hat. Er ist eine Autorität, wird respektiert und für seine Effizienz und schwere Arbeit geschätzt. Er hat seinen Beruf von der Pike auf gelernt und sich hochgearbeitet, vielleicht hat er aber auch seine Stellung oder seinen Reichtum geerbt. Er kann Finanzberater sein oder täglich mit Zahlen und Finanzen zu tun haben. Er ist bodenständig und hat einen wunderbaren Sinn für Humor. Außerdem ist er ein liebevoller Ehemann und ein guter Vater.

Als Situation

Die Karte bedeutet Erfolg in geschäftlichen, finanziellen oder Eigentumsangelegenheiten.

König der Münzen

Umgekehrt liegende Karte

Ein korrupter und perverser Mann, dem man nicht vertrauen kann.

Das Wichtigste

- ein Mann von hohem Rang
- im Beruf und zu Hause respektiert
- ein netter, bodenständiger Vater

7

LEGESYSTEME

Legesysteme

Es gibt tausende Arten, die Tarotkarten auszubreiten. Hier sind einige davon, mit denen Sie experimentieren können:

Das Drei-Drei-Drei-Eins-Blatt

Beginnen Sie oben und lesen Sie die erste Reihe als eine Gruppe. Tun Sie das Gleiche mit der zweiten und dann dritten Reihe. Ziehen Sie dann eine weitere Karte, die das Ergebnis vorhersagt. Dieses Blatt arbeitet ohne Signifikator. Wenn Sie wollen, können Sie einen verwenden; legen Sie ihn direkt über Karte 2.

Das Sonnenrad

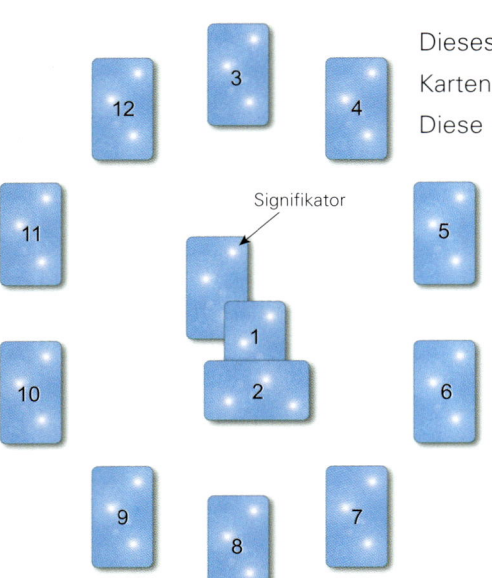

Dieses Blatt arbeitet mit Signifikator. Legen Sie Karten 1 und 2 verdeckt über den Signifikator. Diese Karten sagen vorher, was der Fragenden in nächster Zukunft widerfährt. Drehen Sie sie um und dann jede der übrigen Karten nacheinander. So erhalten Sie eine allgemeine Lesung für ein ganzes Jahr im Voraus.

Legesysteme

Das keltische Kreuz

Die mittleren sechs Karten sollten sich auf Situationen beziehen, die zur Zeit der Lesung stattfinden. Die vier Karten rechts sagen die Zukunft voraus.

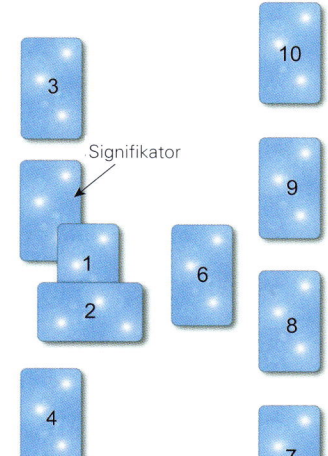

Bilden Sie Gruppen und lesen Sie die Farben insgesamt. Zum Beispiel können drei Kelchkarten eine Beziehungsangelegenheit vorhersagen oder mehrere Münzenkarten sagen Geldangelegenheiten voraus.

Verbinden Sie jede große Arkana mit jeder kleinen Arkana, um dem Blatt mehr Nachdruck zu verleihen.

Das amerikanische Sonnenrad

Dieses Blatt erfordert viel Platz. Räumen Sie also zuerst Ihren Esstisch frei, damit Sie genug Platz haben.

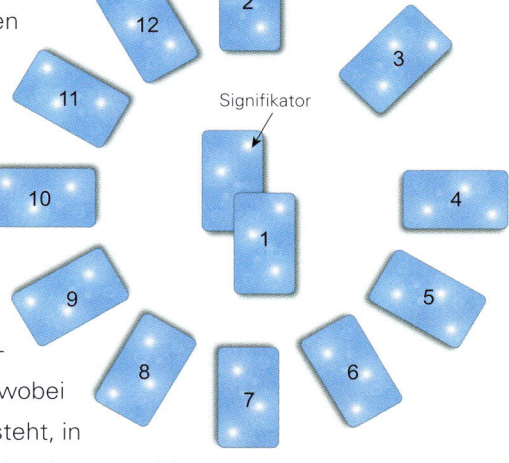

Wählen Sie eine Karte aus, die Ihrem Gespür gemäß die Fragende darstellt, und legen Sie sie auf den Tisch. Dann legen Sie die Karten in der Reihenfolge wie in der Skizze auf. Das Sonnenrad liefert oft eine Jahresprognose, wobei die Nummer jeder Karte für den Monat steht, in dem sie eintritt. Drehen Sie die Karten einzeln um und legen Sie dann vom Stapel der gemischten Karten auf jede Karte noch drei weitere Karten.

8

TIPPS UND TECHNIKEN

Tipps und Techniken

Ganz gleich, ob Sie nur Ihren Freunden und Ihrer Familie die Karten legen oder eine professionelle Tarotleserin werden wollen, wichtig ist, dass Sie Ihre Vorhersagen formulieren lernen. Zu Beginn einer Lesung könnten Sie der Fragenden sagen, dass sie Karten allgemeine Situationen zeigen und dass sie nicht immer Datum und Zeiten nennen. Das bedeutet, dass die Fragende nicht immer alles verstehen wird, was bei der Lesung herauskommt, dass aber vieles später Sinn ergeben wird. Raten sie ihr, offen zu sein, denn manche Dinge, die sich in den Karten zeigen, können erst in sechs oder zwölf Monaten oder noch später eintreffen.

Manche Kartenleser wagen sich zu weit vor. Wer zu der Fragenden sagt: „Ich sehe, Sie haben eine Tochter", geht unnötiges Risiko ein. Besser ist es, weniger präzise zu sagen „Die Karten sagen mir, dass Sie zu irgendeinem Zeitpunkt ein kleines Mädchen haben. Vielleicht haben Sie bereits eines." Falls die Fragende bereits eine Tochter hat, wird sie das meist bestätigen. Danach können Sie die umliegenden Karten darauf abklopfen, ob sie sich auf dieses Kind beziehen oder nicht. Manchmal sagt die Klientin, sie hat einen Sohn; dann können Sie fragen, ob er sensibel, künstlerisch veranlagt und sanft ist. Erstaunlich oft ist das der Fall.

Falls Sie kategorisch behaupten, ihre Klientin sei gerade umgezogen, kann sie antworten, dass sie das weder hat noch plant. Doch sprechen die Karten von einem Umzug, so wird es später dazu kommen. Die Karten irren sich selten, doch wenn Sie bei der Interpretation Fehler machen, indem Sie zu überzeugt sind, geht die Klientin fort und hält Sie für inkompetent. Sagen Sie lieber, dass die Klientin nicht immer in ihrem derzeitigen Zuhause wohnen wird und dass die Karten auf eine neue Adresse hinweisen. Der Umzug kann kürzlich erfolgt sein oder er erscheint am Horizont. In beiden Fällen wird die Klientin von Ihrer Begabung beeindruckt sein.

Mit dem Zeitplan können Sie sich irren, denn die Geisterwelt behandelt Zeit nicht so wie wir auf Erden, doch Ihr Ruf wird zerstört, wenn Sie zu dogmatisch sind und die Klientin Sie bei Fehlern erwischt. Setzen Sie alles in die Zukunft und Sie können nicht fehlgehen – etwa so: „Ich sehe hier einen Wechsel der Anschrift, doch er kann auch noch nicht eingetreten sein."

KEINE FRAGEN

Nichts ist schlimmer als eine Tarotleserin, die endlose Fragen stellt. Stellen Sie nie eine direkte Frage, denn das ist schlicht unprofessionell.

Fragen Sie also nicht: „Arbeiten Sie?", „Sind Sie verheiratet?", „Ist Ihr Vater gestorben?". Die Fragende wird nicht beeindruckt sein. Das ist fishing, und Leser, die so vorgehen, werden von ihren Klienten nicht weiterempfohlen.

Formulieren Sie: „In Ihrem Blatt liegen viele Karten rund um die Arbeit. Ich nehme an, Sie sind berufstätig?" Indem Sie der Fragenden sagen, dass da Arbeitskarten liegen, sagen Sie vorher, dass sie arbeiten wird. Sie kann Ihnen nun mitteilen, dass sie derzeit nicht arbeitet, woraufhin Sie ihr sagen können, dass sie bald wieder Arbeit haben wird.

Sie können sagen: „Ich sehe eine Heirat oder Partnerschaft." In neun von zehn Fällen wird die Fragende antworten: „Ja, ich bin verheiratet!" oder „Ich lebe mit meinem Freund" oder „Das wäre schön." Jede dieser Antworten gibt Ihnen mehr Sicherheit für die Vorhersage weiterer Ereignisse.

Sie könnten sagen „In der Geisterwelt gibt es einen liebenswürdigen Mann, der auf Sie achtgibt". Ist der Vater der Klientin tot, so wird sie meist fragen: „Könnte das mein Vater sein"; wenn nicht, „Meinen Sie, das könnte mein Großvater sein?" Lebt dagegen ihr Vater noch und Sie fragen, ob er schon verstorben ist, könnte sie anfangen zu glauben, er habe nicht mehr lange zu leben. Seien Sie vorsichtig: Die Menschen, die Sie aufsuchen, kleben an jedem Ihrer Worte.

DIE TRAURIGE KLIENTIN

Menschen besuchen Kartenleser, weil sie Probleme haben, die sie unglücklich machen. Ihr wichtigstes Ziel ist, diese Menschen zu leiten und aufzumuntern. Bringen Sie stets ein positives Resultat, ohne zu lügen. Meistens bessern sich problematische Situationen mit der Zeit und es ist wichtig, dass Sie das klarstellen. Hat Ihre Klientin das gehört, geht es ihr meist schon besser. Nicht jeder hat gute Freunde oder eine Familie und daher können Hilfe und konstruktive Ratschläge genau das sein, was die Klientin braucht. Als Kartenlegerin werden Sie oft nach Ihrer Meinung gefragt werden. Seien Sie vorsichtig und denken Sie nach, ehe Sie sprechen. Sie haben einen starken Einfluss auf Ihre Klientin.

Wenn Sie einige Zeit Karten legen, begegnet Ihnen fast immer die Klientin, die selbstmordgefährdet ist. Diese schwierige Situation verlangt von Ihnen verantwortliches Handeln. Sagen Sie der Fragenden, dass Gott uns nie eine Aufgabe stellt, die wir nicht bewältigen können und dass unsere Aufgabe auf Erden darin besteht, zu lernen und uns spirituell zu entwickeln und das in schwierigen Zeiten. Sagen Sie ihr, dass sie, wenn sie beschließt, ihr Leben zu beenden, zurückkommen wird und alles nochmal durchmachen muss. Ob das stimmt oder nicht, ist diskutierbar, aber es könnte die Klientin daran hindern, eine Dummheit zu machen, während sie unter ihren Problemen leidet. Falls sie sich mitten in der Nacht besonders verletzlich fühlt, legen Sie ihr nahe, die Telefonseelsorge in Deutschland unter 0800-1110111 oder unter 0800-1110222, in Österreich unter 142 und in der Schweiz Die Dargebotene Hand unter der Nummer 143 anzurufen.

Sagen Sie einer unglücklichen Klientin, dass der Geist sie sehnen wird (vor allem, wenn sie um Stärke betet) und dass sie nicht allein ist. Dann bringen Sie einige positive Aspekte in Ihre Lesung und sagen Sie künftige Ereignisse mit Begeisterung vorher. Versuchen Sie ihr zu zeigen, dass eine viel sonnigere Zukunft auf sie wartet, sobald sie durch diese schreckliche Zeit hindurch ist. Seien Sie verständnisvoll.

Seit ich selbst Tarotkarten lese, waren die meisten selbstmordgefährdeten Menschen junge Männer zwischen zwanzig und dreißig. Frauen oder Drogen waren die häufigsten Probleme. Sie können helfen und raten. Mit der Zeit werden Sie immer mehr vom Tarotleser zum Berater.

DIE SCHWEIGENDE KLIENTIN

Die schweigende Klientin ist frustrierend, aber häufig. Eine Person kommt zum Kartenlesen und sitzt mit steinerner Miene da. Sobald Sie merken, dass die Klientin die ganze Lesung über nicht aufzumachen gedenkt, können Sie nicht viel tun. Setzen Sie alles in die Zukunft und halten Sie sich bedeckt. Wenn Sie wirklich schwimmen, erklären Sie ihr, dass sie ein starkes Kraftfeld um sich herum besitzt und dass Sie nicht weitermachen können, wenn sie sich nicht entspannt. Außerdem können Sie die Klientin fragen, ob Sie das Gefühl hat, dass Sie etwas vorhergesagt haben, das bereits eingetreten ist. Meist bricht das das Eis. In der Regel wird sie sich entspannen, sobald Sie einen oder zwei Treffer landen.

DIE QUASSELSTRIPPE

Die Quasselstrippe ist noch schlimmer als die schweigende Klientin. Manche Menschen sitzen und reden die ganze Lesung hindurch. Wenn Sie dieser Klientin eine Aufzeichnung der Lesung geben, wird sie darauf nur ihre eigene Stimme hören, weil Sie keine Chance hatten, etwas zu sagen.

Sie können etwas über ihren Ehemann sagen und sie erzählt Ihnen sofort alles über seinen Job, seine Ex-Frau und seine Rückenprobleme. Sie wird Ihnen alles sagen, was Sie in den Karten erkennen und gerade sagen wollten. So eine Lesung kann ewig dauern und hinterher werden Sie sich entsetzlich fühlen, da Sie eigentlich nichts vorhergesagt haben. Diese Menschen lieben Gesellschaft und lieben es zu reden, und es kann sein, dass sie nur deshalb bei Ihnen einen Termin buchen, um Sie kennenzulernen. Sie haben vielleicht das Bedürfnis, ihnen zu sagen, sie sollen den Mund halten, doch am besten ist es, sie reden zu lassen.

DIE STÖRRISCHE KLIENTIN

Etwa jede zehnte Person, die zu Ihnen kommt, ist starrsinnig, grob und respektlos. Warum sie zu einer Wahrsagerin geht, weiß ich nicht! Sie kommt meist mit einer Attitüde herein und schaut Ihnen mit Wonne zu, wie Sie sich winden. In der Regel widersprechen oder lachen sie bei allem, was Sie sagen oder schütteln ihren Kopf, wann immer Sie eine Vorhersage treffen. Bleiben Sie gelassen. Behalten Sie Ihre Nerven. Sie mögen kochen, doch seien Sie professionell genug, ihre Gefühle zu verbergen.

Sie können sich rücksichtslos durch die Lesung kämpfen und ihr Geld nehmen. Sie haben schwer genug dafür gearbeitet und haben es verdient. Alternativ dazu können Sie sie ihr sagen, sie spüren ihre negative Schwingung und können für sie nicht lesen. Die störrische Klientin hasst das und beginnt sofort, sich zu benehmen. Wenn Sie sie ohne Lesung wegschicken, verlangen Sie niemals Geld. Meistens wird sie zurückkommen und diesmal offen sein.

DIE FRAGE DES HONORARS

Neulinge stehen vor der Frage, ob sie für das Kartenlesen ein Honorar verlangen sollen. Die Antwort lautet: „Ja." Diese Frage ist umstritten. Aber wenn Sie kein Geld für Ihre Lesungen verlangen, arbeiten Sie bald den ganzen Tag schwer und das aus reiner Herzensgüte. Das hindert Sie daran, eine andere Beschäftigung anzunehmen und Sie bleiben leer und ausgebrannt auf der Strecke, ohne jedes Entgelt für Ihre Anstrengungen.

Hellsehen ist eine Begabung. Mit der Zeit werden Sie einige Lesungen kostenlos durchführen; ein wenig Geld für Ihre Zeit ist nicht zu viel verlangt. Erkundigen Sie sich, wie hoch die Sätze in Ihrer Gegend sind und bieten Sie Ihre Lesungen zum gleichen oder einem etwas niedrigeren Satz an. Wenn Sie mehr Erfahrung haben, können Sie mehr verlangen.

REGISTER

Acht (8)
    Kelche, 72–73
    Münzen, 137
    Schwerter, 115–116
    Stäbe, 94–95
Altersbereiche, 16
Amerikanisches Sonnenrad, 149
Analogien, 18–19
Anrufer, Schutz vor, 12
As
    Kelche, 62–63
    Münzen, 128–129
    Schwerter, 106–107
    Stäbe, 86–87
Aufbewahrung der Karten, 7
Aufrichtigkeit, 11
Berater, 12
Drei (3)
    Kelche, 65–66
    Münzen, 131
    Schwerter, 109–110
    Stäbe, 88–89
Drei-Drei-Drei-Eins-Blatt, 148
Eremit, 21, 39–40
Fische, 21, 55
Fragen stellen während der Lesung, 153–154
Fragende, 11, siehe auch Klientin
Fünf (5)
    Kelche, 67–68
    Münzen, 133–134
    Schwerter, 111–112
    Stäbe, 91
Gehängter, 44–45
Geistige Führer, 9–10
Genauigkeit, 8
Gender, 12
Gericht, 21, 43–44
Geschichte des Tarot, 13–14
Große Arkana, 6, 24–59
    Eremit, 21, 39–40
    Gehängter, 44–45
    Gericht, 21, 43–44
    Herrscher, 20, 31–32
    Herrscherin, 29–30
    Hierophant (Hohepriester), 14, 20, 32–33
    Hohepriesterin, 14, 27–28
    Liebende, 20, 34–36
    Magier, 26–27
    Mäßigung, 21, 49–50
    Mond, 21, 55–56
    Narr, 24–25
    Rad des Schicksals, 41–42
    Sonne, 57–58
    Stärke, 20, 38–39
    Stern, 21, 54–55
    Teufel, 21, 51–52
    Tod, 21, 45–49
    Turm, 53
    Wagen, 20, 36–37
    Welt, 58–59
Haut- und Haarfarben, 16
Herkunft des Tarot, 13–14
Herrscher, 20, 31–32
Herrscherin, 29–30
Hierophant (Hohepriester), 14, 20, 32–33
Hilfen und Tipps, 11–12, 152–157
Hofkarten, *siehe auch* Könige, Königinnen, Pagen, Ritter
    Altersangaben, 16
    als Signifikator, 17
    Haut- und Haarfarben, 16
    Überblick, 15–16
Hohepriester, siehe Hierophant
Hohepriesterin, 14, 27–28
Honorar, 157
Jungfrau, 21, 39
Karten mischen, 10
Kelche, 18, 62–83
    As, 62–63
    2 (Zwei), 64–65
    3 (Drei), 65–66
    4 (Vier), 66–67
    5 (Fünf), 67–68
    6 (Sechs), 69–70
    7 (Sieben), 70–71
    8 (Acht), 72–73
    9 (Neun), 74–75
    10 (Zehn), 75–76
    Haut- und Haarfarben, 16
    König, 82–83
    Königin, 81–82
    Page, 77–78
    Ritter, 79–80
    Überblick, 62
Keltisches Kreuz, 6, 149
Kleine Arkana, 6, 62, *siehe auch* Kelche; Münzen; Schwerter; Stäbe
Klientinnen, *siehe auch* Lesungen
    bockig, 156–157
    männlich, 12
    niedergeschlagen, 154–155
    Quasselstrippen, 156
    Preis, 157
    schweigsam, 155–156

Könige
  Altersbereiche, 16
  Kelche, 82–83
  Münzen, 144–145
  Schwerter, 124–125
  Stäbe, 102–103
Königinnen
  Altersbereiche, 16
  Kelche, 81–82
  Münzen, 143–144
  Schwerter, 122–123
  Stäbe, 101–102
Krebs, 20, 36
Legesysteme, 148–149
Lesungen
  Aufrichtigkeit, 11
  Fragen stellen, 153–154
  für niedergeschlagene Klientinnen, 154–155
  Häufigkeit, 11
  Honorar, 157
  Krankheit, 11
  problematische Klientinnen, 156–157
  Sicherheit, 12
  Tipps und Techniken, 11–12, 152–157
  umgekehrt liegende Karten, 13, 17
Liebende, 20, 34–36
Löwe, 20, 38
Magier, 26–27
Mäßigkeit, 21, 49–50
Mediale Begabung, 9–10
  Entwicklung, 8, 14
  historischer Überblick, 7–8
Mond, 21, 55–56
Münzen, 19, 128–145
  As, 128–129
  2 (Zwei), 129–130
  3 (Drei), 131
  4 (Vier), 132
  5 (Fünf), 133–134
  6 (Sechs), 135
  7 (Sieben), 136
  8 (Acht), 137
  9 (Neun), 138
  10 (Zehn), 139–140
  Haut- und Haarfarben, 16
  König, 144–145
  Königin, 143–144
  Page, 140–141
  Ritter, 141–142
  Überblick, 128
Narr, 24–25
Neun (9)
  Kelche, 74–75
  Münzen, 138
  Schwerter, 116–117
  Stäbe, 95–96

Pagen
  Altersbereiche, 16
  Kelche, 77–78
  Münzen, 140–141
  Schwerter, 119–120
  Stäbe, 97–98
Papst, 14, siehe auch Hierophant (Hohepriester)
Päpstin, 14, siehe auch Hohepriesterin
Rad des Schicksals, 41–42
Ritter
  Altersbereiche, 16
  Kelche, 79–80
  Münzen, 141–142
  Schwerter, 121–122
  Stäbe, 99–100
Schütze, 21, 49
Schutzengel, 9–10
Schwerter, 19, 106–125
  As, 106–107
  2 (Zwei), 107–108
  3 (Drei), 109–110
  4 (Vier), 110–111
  5 (Fünf), 111–112
  6 (Sechs), 113
  7 (Sieben), 114–115
  8 (Acht), 115–116
  9 (Neun), 116–117
  10 (Zehn), 117–118
  Haut- und Haarfarben, 16
  König, 124–125
  Königin, 122–123
  Page, 119–120
  Ritter, 121–122
  Überblick, 106
Schwierigkeiten mit Klientinnen, 156–157
Sechs (6)
  Kelche, 69–70
  Münzen, 135
  Schwerter, 113
  Stäbe, 92
Sicherheit der Kartenleserin, 11–12
Sieben (7)
  Kelche, 70–71
  Münzen, 136
  Schwerter, 114–115
  Stäbe, 93–94
Signifikator, 17, 32, 149
Skorpion, 21, 45
Sonne, 57–58
Sonnenrad (Legesystem), 148
Stäbe, 18, 86–103
  As, 86–87
  2 (Zwei), 87–88
  3 (Drei), 88–89
  4 (Vier), 90
  5 (Fünf), 91

6 (Sechs), 92
7 (Sieben), 93–94
8 (Acht), 94–95
9 (Neun), 95–96
10 (Zehn), 96–97
Haut- und Haarfarben, 16
König, 102–103
Königin, 101–102
Page, 97–98
Ritter, 99–100
Überblick, 86
Stärke, 20, 38–39
Steinbock, 21, 51
Stern, 21, 54–55
Stier, 20, 32
Tarot
   Geistige Führer, 9–10
   Genauigkeit, 8
   Herkunft, 13–14
   Prinzipien, 9–10
   Schutzgeister, 9–10
Tarotkarten; siehe auch Große Arkana; Kelche; Kleine Arkana; Münzen; Schwerter; Stäbe
   Aufbewahrung, 7
   Grundfakten, 15
   Mischen, 10
   Nummerierung, 14
   persönlicher Bezug, 7, 11
   Visconti-Deck, 13–14
   Zusammensetzung, 6, 15

Techniken/Tipps, 11–12, 152–157
Teufel, 21, 51–52
Tierkreiszeichen/Zeitangaben, 20–21
Tipps/Techniken, 11–12, 152–157
Tod, 21, 45–49
Turm, 53
Umgekehrt liegende Karten 13, 17
Vier (4)
   Kelche, 66–67
   Münzen, 132
   Schwerter, 110–111
   Stäbe, 90
Visconti-Deck, 13–14
Waage, 21, 43
Wagen, 20, 36–37
Wassermann, 21, 54
Welt, 58–59
Widder, 20, 31
Zehn (10)
   Kelche, 75–76
   Münzen, 139–140
   Schwerter, 117–118
   Stäbe, 96–97
Zwei (2)
   Kelche, 64–65
   Münzen, 129–130
   Schwerter, 107–108
   Stäbe, 87–88
Zwillinge, 20, 34